Bernd Latour

Mittelstufen-Grammatik

für Deutsch als Fremdsprache

Herausgegeben von Dietrich Eggers

Max Hueber Verlag

| 3. 2. | Die letzten Ziffern bezeichnen |
| 1992 91 90 89 | Zahl und Jahr des Druckes. |

Alle Drucke dieser Auflage können, da unverändert, nebeneinander benutzt werden.
1. Auflage 1988
© 1988 Max Hueber Verlag · D-8045 Ismaning
Gesamtherstellung: Ludwig Auer GmbH · Donauwörth
Printed in the Federal Republic of Germany
ISBN 3-19-031456-X

Inhalt

Inhalt

Inhalt

Inhalt

Inhalt

Verb

Infinitiv 1

arbeiten, lernen, faulenzen – diese Formen nennt man Infinitive.
Der Infinitiv ist die Grundform des Verbs, die man im Lexikon findet.
Die meisten Verben haben die Infinitiv-Endung *-en* (vgl. die Beispiele oben),
einige Verben haben nur ein *-n*, diese sind:
– die Verben mit *-er-* und *-el-* z. B. *klappern* und *schütteln*.
– sowie die Verben *sein* und *tun*.
Man nennt den Teil des Verbs, an den die Endung des Infinitivs angehängt
wird, den *Stamm*. Der Stamm von *lernen* ist also *lern-*.

Infinitiv mit und ohne *zu* 2

Der Infinitiv steht in den meisten Fällen mit *zu*:

Es ist mir lästig, seine Briefe zu beantworten.

Bei den folgenden Verben steht der Infinitiv jedoch ohne *zu*:

– *werden*   Es wird bald regnen.
– *lassen*   Der Chef ließ mich eintreten.
– *bleiben*   Bleiben Sie sitzen!
– den Modalverben *dürfen, können, mögen, müssen, sollen* und *wollen*[1]
   Fritz muß die Prüfung machen.
– und schließlich bei den Verben: *hören, sehen, fühlen, spüren, lernen, gehen,*
   helfen und bei *es heißt*
   Ich höre sie die Treppe heraufkommen.
   Wir gehen spazieren.
   Nun heißt es aufpassen.

Bei Substantiven und Adjektiven steht der Infinitiv immer mit *zu*. Vgl. Verben
mit Infinitiv (§§ 126 f.), Adjektive mit Infinitiv (§ 264), Substantive mit Infinitiv
(§ 207).

---

1 In der gesprochenen Sprache wird auch *brauchen* oft ohne *zu* verwendet. Doch seien Sie vorsichtig:
Nicht jeder akzeptiert *brauchen* ohne *zu*!

3 Stellung

zu steht unmittelbar vor dem Infinitiv.

> Klaus hofft, die Prüfung zu bestehen.

Bei Verben mit trennbarem Verbteil (▷ §§ 36–42) steht *zu* zwischen dem trennbaren Verbteil und dem Stamm:

> Ich wagte nicht einzutreten.

4 Infinitiv in imperativischer (auffordernder) Funktion

Dieser Infinitiv steht immer ohne *zu*.
Man muß hier zwei Fälle unterscheiden:
(a) Hinweise und Aufforderungen, bei denen man den Adressaten nicht kennt:
   – Kochrezepte
   > Den Fisch säubern, säuern, salzen.

   – Gebrauchsanweisungen für Medikamente
   > Die Dragees unzerkaut vor dem Essen einnehmen.

   – Hinweisschilder, besonders Verkehrsschilder
   > Bitte den Motor bei geschlossener Schranke abstellen!
   > Den Rasen nicht betreten!

(b) Aufforderungen bei direkter Kommunikation, d. h. wenn man einander hört und sieht:

   > Hinsetzen! Stillstehen! Alle mal herhören!

Hier wirkt der Infinitiv oft nicht besonders höflich.

5 Indikativ Präsens

In diesem Abschnitt müssen wir einige Begriffe klären, die wir später noch öfter brauchen werden. Sehen wir uns aber zunächst folgendes Beispiel an:

> Hans klopft sich mit dem Hammer auf den Daumen.

Die Form *klopft* des Verbs *klopfen* zeigt uns, daß
– der Vorgang des Klopfens wirklich passiert (er ist eine Tatsache);
– er in demselben Augenblick passiert, in dem dieser Satz geäußert wird.

Ganz allgemein zeigt in jedem Satz die Form des Verbs an,
– ob eine Handlung oder ein Zustand im Sprechzeitpunkt andauert (Gegenwart) oder schon vergangen ist (Vergangenheit) oder ob er noch gar nicht
   begonnen hat (Zukunft). Man sagt auch: Die Verbform zeigt *das Tempus* an
   (lateinisch *tempus* = die Zeit);
– ob eine Handlung oder ein Zustand eine Tatsache ist oder keine Tatsache,
   d. h. nur in der Vorstellung vorhanden. Man sagt auch: Die Verbform zeigt
   den Modus an (lateinisch *modus* = die Art und Weise).

Der Plural von *Tempus* heißt *die Tempora*.
Der Plural von *Modus* heißt *die Modi*.

Man unterscheidet folgende *Tempora*:
– *Präsens* (Gegenwart)   (▷ § 53)
– *Futur I* und *II* (Zukunft)   (▷ §§ 60 f.)
– *Perfekt, Präteritum, Plusquamperfekt* (Vergangenheit) (▷ §§ 54 ff.)

Und man unterscheidet folgende *Modi*:
Indikativ, Imperativ, Konjunktiv   (▷ §§ 21 ff.).

Die Verbform *klopft* in dem Beispielsatz

   Hans klopft sich mit dem Hammer auf den Daumen

ist der Indikativ Präsens. Mit diesem Indikativ Präsens wollen wir uns zunächst
beschäftigen, denn das ist die Form, die Sie vermutlich am häufigsten gebrauchen.

Personen   6

In allen Tempora und Modi unterscheidet man sechs Verbformen – nicht nur
im Indikativ Präsens. Aber eigentlich sind diese sechs Formen nur zwei mal
drei, d. h. drei sogenannte Personen, die zweimal vorkommen, nämlich im
Singular und im Plural. Diese Personen sind:

	1. Person = der Sprecher	2. Person = der Ange-sprochene	3. Person = Person/Sache, über die man spricht
Singular	ich	du	er, sie, es
Plural	wir	ihr	sie

Normalerweise wird die Person zweimal ausgedrückt: sowohl durch das Personalpronomen – so nennt man die Wörter *ich, du, er, sie* usw. – als auch durch die Endung des Verbs:

1. Person Singular	2. Person Singular
ich lach - e	du lach - st

Dies ist genauso bei den übrigen Formen:

er, sie, es	lach - t	*-e, -st, -t, -en* sind Endungen. Zur
wir, sie	lach - en	Erinnerung: *lach-* nennt man den
ihr	lach - t	Stamm des Verbs *lachen.*

Identisch sind also die Endungen
– der 3. Pers. Sing. und der 2. Pers. Plur. *(-t)* und
– der 1. Pers. Plur., der 3. Pers. Plur. und des Infinitivs *(-en)* (▷ §§ 1–4).

7 Wichtig ist:
– Man unterscheidet nicht danach, ob die 1. Person = der Sprecher *(ich, wir)* oder die 2. Person = der Angesprochene *(du, ihr)* männlich oder weiblich ist. Nur in der 3. Person, und auch hier nur im Singular, wird zwischen „männlich" oder „maskulin" *(er),* „weiblich" oder „feminin" *(sie)* und „neutral" *(es)* unterschieden.
– Die *Sie*-Form (das ist die Form der distanzierten Anrede)[1] paßt in das obige Schema nicht hinein. *Sie* bezieht sich zwar auf eine angesprochene Person und insofern eigentlich 2. Person, hat aber die Endung der 3. Person Plural. Man unterscheidet bei der *Sie*-Form nicht, ob man eine oder mehrere Personen anredet:

> Würden Sie mir bitte erklären, was das alles zu bedeuten hat?

Bei diesem Satz kann man nur im Gesamtzusammenhang der Rede erkennen, ob eine Person angeredet wird oder mehrere.

---

1 Diese Form wird auch Höflichkeitsform genannt. Diese Bezeichnung nehmen Sie aber bitte nicht zu wörtlich: Die Anrede mit *du* ist nicht unhöflich. Außerdem kann man auch zu jemandem, den man mit *Sie* anredet, sehr unhöflich sein.

– Man darf den Begriff der ‚Person' nicht zu wörtlich nehmen. Zwar sind die 1. und die 2. Person meistens Personen = Menschen (es gibt natürlich immer Leute, die mit ihrem Hund sprechen), in der 3. Person aber ist alles versammelt, worüber man überhaupt sprechen kann: Menschen, andere Lebewesen, Dinge, Situationen, Aktionen und sogar Nicht-Existierendes.

Formen 8

Einige Endungen des Verbs im Indikativ Präsens (▷ § 5) haben ein -e-, andere haben keines, nämlich die 2. und 3. Pers. Sing. sowie die 2. Pers. Plur. Bei den folgenden Verben haben aber auch diese Endungen ein -e-: Es sind die Verben auf -ten und -den.[1]

ich	arbeit - e	red - e
du	arbeit - est	red - est
er, sie, es	arbeit - et	red - et
wir, sie, Sie	arbeit - en	red - en
ihr	arbeit - et	red - et

genauso: *streiten, fürchten, vernichten* u. a.   genauso: *leiden, schneiden, schaden, dulden* u. a.

Der Grund für diese Ausnahme: Eine Form wie *er arbeit t* könnte man auch in einer so konsonantenreichen[2] Sprache wie dem Deutschen nur mit Mühe aussprechen.

Außerdem kommt in den genannten Formen ein -e- vor: bei den Verben auf 9
-men und -nen; aber nur dann, wenn vor dem -m- bzw. dem -n- noch ein Konsonant steht. Wichtig ist dabei: -h-, -r- und -l- zählen hier nicht als Konsonant, -mm- und -nn- zählen nur als **ein** Konsonant. Vergleichen Sie:

ich	schwimm - e	atm - e
du	schwimm - st	atm - est
er, sie, es	schwimm - t	atm - et
wir, sie, Sie	schwimm - en	atm - en
ihr	schwimm - t	atm - et

genauso: *wärmen*   genauso: *widmen*

---

1 Es gibt auch Ausnahmen von dieser Ausnahme: Verben auf -ten und -den ohne das zusätzliche -e- finden Sie in §§ 14 f.

2 Konsonanten sind z. B. die folgenden Laute: *b, d, g, p, t, k, l, s, r.*

ich	renn - e	öffn - e
du	renn - st	öffn - est
er, sie, es	renn - t	öffn - et
wir, sie, Sie	renn - en	öffn - en
ihr	renn - t	öffn - et

genauso: *warnen, nennen, ahnen*

genauso: *rechnen, leugnen, sich ereignen* (nur 3. Pers.)

Ausnahme

Die Modalverben, also die Verben *können, müssen, wollen, sollen, dürfen, mögen* (▷ § 62–75), und das Verb *wissen* haben nur im Plural die regelmäßigen Endungen. Im Singular lauten die Formen:

ich	weiß - Ø	wir, sie, Sie	wiss - en
du	weiß - t	ihr	wiß - t
er, sie, es	weiß - Ø		

ich weiß war früher Präteritum, d. h. die Vergangenheitsform (▷ § 10) eines unregelmäßigen Verbs, und hat deshalb in der 1. und 3. Pers. Sing. keine Endung.

10 Regelmäßige (schwache) und unregelmäßige (starke) Verben

Je nachdem, wie die Verben ihr Präteritum, ihr Partizip II (▷ §§ 43–48) und teilweise auch einige Formen des Indikativ Präsens (▷ §§ 5–9) bilden, unterscheidet man regelmäßige und unregelmäßige Verben. Die regelmäßigen Verben werden oft auch „schwache" Verben genannt. Ihre Regelmäßigkeit besteht darin, daß sie alle im Präteritum und im Partizip II ein -t- haben:

ich frag-t-e – ich habe gefrag-t

Die unregelmäßigen Verben, die oft auch „starke" Verben genannt werden, ändern im Präteritum und oft auch im Partizip II ihren Stammvokal[1] (Stamm ▷ §§ 1, 6):

---

1 Vokal nennt man die folgenden Laute: *a, e, i, o, u.* Umlautvokale sind: *ä, ö, ü.* Diphthonge nennt man: *au, ei, eu/äu.*

ich springe   – *ich sprang*   – *ich bin gesprungen*
er hilft   – *er half*   – *er hat geholfen*

Der Stammvokal wechselt bei den verschiedenen Verben, aber auf sehr unterschiedliche Weise. Und darin liegt die Unregelmäßigkeit der unregelmäßigen Verben.

An der Infinitivform (▷ §§ 1–4) erkennt man oft nicht, ob ein Verb regelmäßig oder unregelmäßig ist: **11**

Regelmäßig sind z. B.   *passen (paßte), neigen (neigte).*
Unregelmäßig sind z. B. *lassen (ließ), schweigen (schwieg).*

Aber: Verben auf *-eln, -ern, -igen* und *-lichen* sind regelmäßig, z. B. *klappern, rascheln, erledigen, ermöglichen.* Verben mit einem umgelauteten Stammvokal sind meistens regelmäßig, z. B. *kämmen, hören, blühen.* Unregelmäßige Ausnahmen sind: *erwägen, schwören, erlöschen, lügen, betrügen.* Unregelmäßige Verben auf *-ieren* sind: *verlieren* und *frieren.*

Die meisten Verben sind regelmäßig, nur eine Gruppe von etwa 200 Verben (ohne Präfixbildungen) ist unregelmäßig. Mehrere von ihnen, z. B. *gehen, stehen, kommen, nehmen, sehen,* werden sehr häufig verwendet.

Die folgende Tabelle faßt die Unterschiede zwischen regelmäßigen und unregelmäßigen Verben zusammen: **12**

	regelmäßige (= schwache) Verben	unregelmäßige (= starke) Verben
Änderung des Stammvokals	nein *(ich lache – ich lachte)*	ja *(ich komme – ich kam)*
-t- im Präteritum	ja	nein
Partizip-II-Endung	*-(e)t (gelacht, gearbeitet)*	*-en (gekommen)*
Endung der 1. und 3. Pers. Sing. im Präteritum	*-e (ich, er machte)*	keine Endung *(ich, er kam)*

Eine Gruppe der unregelmäßigen Verben hat nicht nur im Präteritum und im Part. II einen Wechsel des Stammvokals, sondern auch im Indikativ Präsens, und zwar in der 2. und 3. Pers. Sing.:   **13** *ich fahre – du fährst – er fährt*

Bei den Verben mit *e/i*-Wechsel (▷ § 14) ändert sich der Stammvokal auch im Imperativ Singular:

ich helfe – du hilfst – er hilft – hilf!

14 Verben mit *e/i*-Wechsel

befehlen (ie)	gelten[3]	schmelzen	treffen
bergen	geschehen (ie)	schwellen	treten[3, 4]
brechen	helfen	sehen (ie)	verderben
empfehlen (ie)	lesen (ie)	sprechen	werben
erschrecken[1]	messen[2]	stechen	werden[3, 5]
essen[2]	nehmen[4]	stehlen (ie)	werfen
fressen[2]	quellen		

Kein Vokalwechsel im Präsens bei *gehen, stehen, weben, genesen, heben, melken.*

15 Verben mit *a/ä*-Wechsel

ich falle – er fällt

blasen	fallen	halten[6]	schlafen
braten[6]	fangen	laden[7]	schlagen
empfangen	geraten[6]	lassen[8]	tragen
fahren	graben	raten[6]	wachsen[9]
			waschen

Kein Vokalwechsel bei *schaffen.*

---

1 Unregelmäßig nur in der Bedeutung: einen Schreck bekommen. Regelmäßig dagegen in der Bedeutung: jemanden in Schrecken versetzen. Vergleichen Sie:
   Ich erschrak heftig.
   Er erschreckte mich.
2 Die Verben auf *-ssen* haben in der 2. und 3. Pers. Sing., in der 2. Pers. Plur. sowie im Imperativ ein *-ß*:
   du ißt – er ißt – ihr eßt – iß! – eßt!
3 Die Verben auf *-ten* und *-den* haben in der 3. Pers. Sing. nicht die Endung *-et* (wie *arbeiten* und *leiden*), sondern gar keine Endung: *es gilt, sie tritt, es wird.* Die Form der 2. Pers. Sing. von *werden* lautet: *du wirst.*

18

Verben mit *au/äu*-Wechsel 16

Einen *au/äu*-Wechsel besitzen die Verben *laufen* und *saufen*:

  ich laufe – du läufst

Kein Vokalwechsel bei *saugen* und *schnauben*.

Verb mit *o/ö*-Wechsel 17

Einen *o/ö*-Wechsel hat *stoßen*:

  ich stoße – er stößt

Eine Liste der unregelmäßigen Verben finden Sie am Ende des Buches.

Besonderheiten der unregelmäßigen Verben

18

Bei den folgenden Verben ändert sich nicht nur der Stammvokal, sondern auch ein oder mehrere Konsonanten im Stamm:

> nehmen – ich nahm – ich habe genommen
> gehen – ich ging – ich bin gegangen
> stehen – ich stand – ich habe/bin gestanden[10]
> sitzen – ich saß – ich habe/bin gesessen[10]
> ziehen – ich zog – ich habe gezogen
> schneiden – ich schnitt – ich habe geschnitten (ebenso: leiden)

werden hat im Präteritum das *-e* der regelmäßigen Verben:

  ich wurde

---

4 Bei *nehmen* und *treten* wird das lange *e* zu einem kurzen *i*, deshalb verdoppelt sich auch der Konsonant: *ich nehme – du nimmst, ich trete – er tritt.*
5 Der Imperativ Sing. von *werden* ist *werde!*
6 Die Verben auf *-ten* haben in der 3. Pers. Sing. nicht die Endung *-et*, sondern gar keine Endung: *es brät, es gerät, er hält, sie rät.*
7 *laden* hat in der 3. Pers. Sing. die Endung *-t: er lädt.*
8 Bei *lassen* wird *-ss-* in den folgenden Personen zu *-ß-: du läßt, er läßt, ihr laßt*, und im Imperativ: *laß! – laßt!*
9 Die Endung der 2. Pers. Sing. ist *-t: du wächst.*
10 Die Varianten mit *sein* werden in Süddeutschland verwendet.

Verb

Das Verb *sein* setzt sich aus ganz verschiedenen Verbstämmen zusammen:

> *sein – ich bin / du bist – er ist – wir sind / ihr seid / sie sind – ich war – ich bin gewesen*

19 Die folgenden Verben haben einen Wechsel zwischen einfachem und doppelten Konsonanten sowie zwischen *-ss-* und *-ß-*:

f - ff:	greifen – ich griff – ich habe gegriffen (so auch: kneifen, pfeifen, schleifen)
	triefen – troff – getroffen
	saufen – soff – gesoffen
ff - f:	schaffen – schuf – geschaffen
	treffen – traf – getroffen
ll - l:	fallen – fiel – gefallen
mm - m:	kommen – kam – ich bin gekommen
t - tt:	reiten – ich ritt – ich bin geritten (ebenso: gleiten, schreiten, streiten)
tt - t:	bitten – bat – gebeten
ß - ss:	fließen – es floß – es ist geflossen (ebenso: genießen, gießen, schließen, sprießen, verdrießen)
	reißen – es riß – es ist gerissen (ebenso: verschleißen)
ss - ß:	essen – aß – gegessen (ebenso: fressen, messen, vergessen)
	lassen – ließ – gelassen

20 Besonderheiten der regelmäßigen Verben

Einige dieser Verben ändern im Präteritum ihren Stammvokal:

> *nennen – ich nenne – ich nannte – ich habe genannt*
> *kennen – ich kenne – ich kannte – ich habe gekannt*
> (ebenso: *brennen* und *rennen*)

Doppelformen gibt es bei *senden* und *wenden*:

> *ich sendete/sandte – ich habe gesendet/gesandt*
> *ich wendete/wandte – ich habe gewendet/gewandt*

Konsonanten und Stammvokal ändern sich bei *denken* und *bringen*:

> *ich dachte – ich habe gedacht*
> *ich brachte – ich habe gebracht*

Vorsicht bei *haben*!

ha<u>b</u>en: ich ha<u>tt</u>e – ich habe geha<u>bt</u>

Konjunktiv I und II

Konjunktiv I (K I)

K I: Man sagte mir, er *habe* Probleme.
K II: Er *müßte* schon längst hier sein.

Der K I wird auch Konjunktiv Präsens, der K II auch Konjunktiv Präteritum genannt.
Der K I unterscheidet sich vom Indikativ Präsens:
(a) in den Endungen: teilweise,
(b) im Stamm:
    bei den Verben mit *e/i*-Wechsel (▷ § 14), *a/ä*-Wechsel (▷ § 15) sowie bei
    den Modalverben (▷ §§ 62–75) (mit Ausnahme von *sollen*) und bei *wissen*
    (▷ § 9) und *werden* (▷ § 14): sehr deutlich;
    bei den übrigen unregelmäßigen Verben und bei den regelmäßigen Verben: überhaupt nicht (▷ § 23).

(Die Funktionen des K I finden Sie in § 30.)
Die Endungen des K I haben immer ein *-e-*, die Endungen des Indikativs haben nur in einigen Personen ein *-e-*. Vergleichen Sie:

	K I	Indikativ
ich	frag-e	frag-e
du	frag-est	frag-st
er, sie, es	frag-e	frag-t
wir, sie, Sie	frag-en	frag-en
ihr	frag-et	frag-t

Man sieht, daß sich einige Endungen gar nicht unterscheiden: Es sind die Endungen der 1. Pers. Sing. sowie der 1. und 3. Pers. Plur.

Besonderheiten

Bei den Verben auf *-den* und *-ten* unterscheiden sich Indikativ und K I auch in der 2. Pers. Plur. nicht:

$$\left.\begin{array}{l} \textit{ihr schneid-et} \\ \textit{ihr arbeit-et} \end{array}\right\} \text{(Indikativ = K I)}$$

Bei Verben, deren Stamm auf -*n* bzw. -*m* endet, muß man unterscheiden, ob vor dem -*n*/-*m* noch ein Konsonant steht oder nicht:

ihr atmet, rechnet, öffnet (Indikativ = K I)

In den folgenden Beispielen dagegen kann man Indikativ und K I sehr gut unterscheiden:

	K I	Indikativ
ihr	komm-et, nehm-et	komm-t, nehm-t
ihr	ahn-et	ahn-t

Dieser Unterschied zwischen den Verben *atmen, rechnen, öffnen* einerseits sowie den Verben *kommen, nehmen* und *ahnen* andererseits erklärt sich so: -*mm*- und -*nn*- zählen hier nur als **ein** Konsonant, -*h*-, -*l*- und -*r*- zählen *nicht* als Konsonanten. Also: *ihr gewinnt/gewinnet, ihr schwimmt/schwimmet, ihr turnt/turnet.*

23 Stamm

Beim K I gibt es zwischen den verschiedenen Personen keinen Vokalwechsel, wie wir ihn bei einigen unregelmäßigen Verben kennengelernt haben (▷ §§ 9, 14 f.). Der Stammvokal ist derselbe wie der im Infinitiv. Dies gilt für die folgenden Verbgruppen:

– mit *e*/*i*-Wechsel   (*ich helfe, du hilfst*),
– mit *a*/*ä*-Wechsel   (*ich fahre, du fährst*),
– mit *o*/*ö*-Wechsel   (*ich stoße, du stößt*),
– die Modalverben *können, wollen, müssen, dürfen, mögen* (aber nicht für *sollen*),
– *wissen, werden* und *sein*.

	K I	Indikativ	K I	Indikativ
ich	helf-e	helf-e	fahr-e	fahr-e
du	helf-est	hilf-st	fahr-est	fähr-st
er, sie, es	helf-e	hilf-t	fahr-e	fähr-t
wir, sie, Sie	helf-en	helf-en	fahr-en	fahr-en
ihr	helf-et	helf-t	fahr-et	fahr-t

	K I	Indikativ	K I	Indikativ
ich	werd-e	werd-e	wiss-e	weiß-Ø
du	werd-est	wir-st	wiss-est	weiß-t
er, sie, es	werd-e	wird-Ø	wiss-e	weiß-Ø
wir, sie, Sie	werd-en	werd-en	wiss-en	wiss-en
ihr	werd-et	werd-et	wiss-et	wiß-t

Der K I der Vergangenheit wird mit Hilfe der K-I-Formen von *haben* bzw. *sein* **24**
gebildet:

ich	hab-e	sei-Ø
du	hab-est	sei-st
er, sie, es	hab-e	sei-Ø
wir, sie, Sie	hab-en	sei-en
ihr	hab-et	sei-et
		(selten)

er habe gegessen, sie sei gefahren.

Konjunktiv II (K II)   25

Mit den Formen des K II drückt man meistens aus, daß eine Handlung oder ein
Zustand nur vorgestellt oder irreal ist.
Der K II unterscheidet sich vom Indikativ Präteritum:
– bei den regelmäßigen (= schwachen) Verben: überhaupt nicht;
– bei den unregelmäßigen (= starken) Verben
   (a) in den Endungen: teilweise;
   (b) im Stamm: die Vokale, die umgelautet werden können,[1] werden umge-
      lautet, also *a → ä, o → ö, u → ü, au → äu* (▷ § 26);
– einige Besonderheiten kommen hinzu (▷ § 28).

Endungen:
Die unregelmäßigen Verben haben im K II immer ein *-e-* (so ist es auch im
K I), im Indikativ Präteritum dagegen nur in einigen Formen.
Vergleichen Sie folgende Aufstellung:

---

1 *e, i, ei, ie, eu* kann man nicht umlauten.

	K II	Indikativ Präteritum
ich	schlief-e	schlief-∅
du	schlief-est	schlief-st
er, sie, es	schlief-e	schlief-∅
wir, sie, Sie	schlief-en	schlief-en
ihr	schlief-et	schlief-t

Bei Verben auf *-den* und *-ten* sind (so wie im K I) auch die Endungen der 2. Pers. Plur. im Indik. und K II identisch:

ihr entschiedet euch
ihr rietet } (Indikativ = K II)

26 Bei den starken Verben werden die umlautfähigen Stammvokale (*a, o, u*) umgelautet:

	K II	Indikativ Präteritum
ich	führ-e	fuhr-∅
du	führ-est	fuhr-st
er, sie, es	führ-e	fuhr-∅
wir, sie, Sie	führ-en	fuhr-en
ihr	führ-et	fuhr-t

Weitere Beispiele: *ich nahm/nähme, ich flog/flöge, ich wußte/wüßte.*
(K-II-Formen der Modalverben ▷ § 65.)

27 Die K-II-Formen von *haben* und *sein* lauten:

ich	hätt-e	wär-e
du	hätt-est	wär-est
er, sie, es	hätt-e	wär-e
wir, sie, Sie	hätt-en	wär-en
ihr	hätt-et	wär-et

28 Besonderheiten

Bei einigen unregelmäßigen Verben erscheint im K II ein anderer Umlautvokal: *ich kannte – kennte, nannte – nennte, starb – stürbe, verdarb – verdürbe, warb – würbe, warf – würfe.*

Der K II der Vergangenheit wird mit Hilfe der K-II-Formen von *haben* bzw. **29**
sein gebildet:

> er wäre gestorben
> sie hätte gefragt

Funktionen des Konjunktiv I **30**

Indirekte Rede

Der K I wird hauptsächlich in der sogenannten indirekten Rede gebraucht,
d. h. bei der Wiedergabe dessen, was eine andere Person oder was man selbst
gesagt hat:

> Er meinte, man *müsse* sich noch etwas mehr Mühe geben.
> Ich sagte ihm, ich *wolle* mir die Sache überlegen.

Die indirekte Rede im K I erscheint hauptsächlich in der geschriebenen Sprache, z. B. in der Zeitungssprache und in der Sprache wissenschaftlicher Texte.
Man hat natürlich auch die Möglichkeit, eine fremde Rede wörtlich wiederzu-
geben, dies geschieht im Indikativ.
In der geschriebenen Sprache nennt man diese Form das Zitat.

Beispiel:
Zur Wiedergabe fremder Rede gehören drei Personen: A, B und C. A sagt
etwas zu B, und B erzählt später C das, was A gesagt hat.

> A zu B: „Ich habe es nicht gewußt."
> B sagt später zu C: „A sagte zu mir: ‚Ich habe es nicht gewußt.'" (direkte Rede)
> oder: „A sagte zu mir, { er habe es nicht gewußt."
>   { daß er es nicht gewußt habe." (indirekte Rede)

Wir erinnern uns: In einigen Personen, in der 1. Pers. Sing. sowie in der 1. und **31**
3. Pers. Plur., sind die Formen des K I und des Indikativs identisch, man kann
sie also nicht unterscheiden. Man nimmt deshalb die Formen des K II:

> Er sagte, sie kämen später. (*sie kommen*: Indikativ = K I)

Die verschiedenen Personen kommen in der indirekten Rede nicht mit gleicher **32**
Häufigkeit vor. Am häufigsten erscheint die 3. Pers. Sing. und Plur.
Man gibt nicht nur Feststellungen und Erzählungen in der indirekten Rede
wieder, sondern auch Fragen und Aufforderungen. Eine Imperativform wird
dabei mit Formen von *sollen* oder *müssen* umschrieben, eine *ja/nein*-Frage wird
mit *ob* eingeleitet, *w*-Fragen behalten ihr Fragepronomen:

Er sagte, wir müßten unbedingt kommen.

Der Diskussionsleiter fragte, ob denn niemand sonst einen Einwand machen wolle.

Er schrieb, ihm sei unklar, was die Sache zu bedeuten habe.

33 Tempora der indirekten Rede

Im Gegensatz zur direkten Rede gibt es in der indirekten Rede nur drei Zeitformen. Man gibt eine direkte Rede wieder:

– im Präsens	mit dem K I
– im Futur	mit dem K I von *werden* + Inf.

– in allen Vergangenheits-
  tempora (Perfekt, Prä-
  teritum, Plusquamperfekt)
	mit dem K I von *haben/sein* + Part. II

Er versprach mir: „Ich werde dich anrufen." →
Er versprach mir, *er werde mich anrufen.*

Er sagte: { „Ich vergaß es."   „Ich habe es vergessen."   „Ich hatte es vergessen." } ..., *er habe es vergessen.*

34 Konjunktiv I der Aufforderung

Der K I kann daneben, d. h. nicht so häufig, auch in auffordernder Funktion verwendet werden. Das Subjekt ist dabei sehr häufig *man* oder *niemand*:

Man wende nicht ein, daß ...
Niemand gebe sich der Illusion hin, ...

Diese Funktion des K I kommt hauptsächlich in der geschriebenen Sprache vor. Hier ersetzt der K I einen Imperativ der 3. Pers., den es im Deutschen nicht gibt.

Der K I der Aufforderung kommt auch in idiomatischen Wendungen vor:

Gott sei Dank!
Er lebe hoch!
Das sei fern von mir!

Der K I der Aufforderung ist typisch für bestimmte Textsorten, nämlich für Gebrauchsanweisungen (von Medikamenten) und alte Kochrezepte:

Die Zwiebeln zerkleinere man mit einem scharfen Messer.
Man nehme die Tabletten mit etwas Flüssigkeit ein.

(K II im Konditionalsatz ▷ § 373.)

Konjunktiv und *würde*-Form   35

Die Formen des K II sind in ganz unterschiedlichem Maße gebräuchlich:
Einige werden relativ oft verwendet, andere fast gar nicht. Insgesamt selten
hört oder liest man die K-II-Formen der regelmäßigen Verben, die sich ja vom
Indikativ des Präteritums nicht unterscheiden:

> Ich *machte* das nicht.
> Ich *ginge* da nicht hin.

Diese Formen sind sehr ungebräuchlich, obwohl sie grammatisch richtig sind.
Man sagt in solchen Fällen lieber:

> Ich *würde* das nicht *machen.* ⎫
> Ich *würde* da nicht *hingehen.* ⎬ *würde* + Infinitiv (ohne *zu*)

Auf der anderen Seite gibt es K-II-Formen, die sehr gebräuchlich sind und die
man normalerweise nicht durch die *würde*-Form ersetzt. Dies ist etwa der Fall
bei den Verben *haben, sein, wissen.* Hier sagt man also nicht:

> ich würde haben   ich hätte
> ich würde sein   **sondern:**   ich wäre
> ich würde wissen   ich wüßte

> Ich wollte, ich *wäre* jetzt auf Sizilien.
> Ich *hätte* das an seiner Stelle nicht getan.
> Nicht, daß ich *wüßte.*

Auch die Modalverben (▷ §§ 62–75) werden nicht mit *würde* umschrieben, bei
ihnen verwendet man die K-II-Form:

> Das *müßte* stimmen.

Verben mit trennbarem und untrennbarem Verbteil   36

Eine größere Anzahl von Verben haben einen Verbteil, der in bestimmten
Fällen vom Stamm getrennt wird. Solche Verben werden oft auch „trennbare
Verben" genannt. Trennbare Verbteile[1] werden nur im Hauptsatz getrennt,
und hier auch nur im Präsens oder im Präteritum:

---

1 Man hört oft auch die Bezeichnung „trennbare Vorsilbe". Die folgenden Beispiele, besonders die in
§ 40, zeigen, daß keineswegs nur Vor„silben" trennbar sind.

Bei der ganzen Sache *kommt* nichts *heraus*.

Haben Sie heute schon etwas *vor?*

Herr Müller *brachte* uns Latein *bei*.

In den folgenden Fällen wird der trennbare Verbteil nicht getrennt, und zwar
– im eingeleiteten Nebensatz:

Ich wußte gleich, daß bei der ganzen Sache nichts *heraus*kommt.

– wenn das Verb im Partizip II, d. h. wenn der Satz im Perfekt oder im Passiv steht:

Herr Müller hat uns Latein *bei*gebracht.

Das Zelt wird *auf*gebaut.

(Wichtig: Das *-ge-* steht zwischen dem trennbaren Verbteil und dem Stamm.)
– wenn das Verb im Partizip I steht:

Der *ab*fahrende Zug...

– wenn das Verb im Infinitiv mit oder ohne *zu* steht:

Ich hatte keine Lust, mir die Geschichte bis zu Ende *an*zuhören.

Ich kann Ihnen etwas Erfreuliches *mit*teilen.

Wichtig!

Beim Infinitiv mit *zu* steht das *-zu-* zwischen dem trennbaren Verbteil und dem Stamm, genauso wie *-ge-* im Partizip II.

Man muß wissen, welche Verbteile trennbar und welche untrennbar sind, und – dies ist das Schwierigste – welche mal trennbar und mal untrennbar sind.

37 Untrennbare Verbteile

Immer untrennbar sind *be-*, *ent-*, *er-*, *ge-*, *hinter-*, *miß-*, *ver-*, *zer-*; außerdem die aus dem Lateinischen oder Griechischen „importierten" Präfixe *de(s)-*, *dis-*, *in-*, *re-* und einige andere.

be-:	beanspruchen, benutzen, beteiligen...
ent-:	entfernen, entwässern, enttäuschen...
er-:	erzeugen, sich erinnern, erziehen...
ge-:	gebrauchen, genießen, gefallen...
hinter-:	hinterlassen, hintergehen...
miß-:	mißtrauen, mißlingen...
ver-:	verachten, verfolgen, verhungern...
zer-:	zerschlagen, zerbrechen, zerstören...

de(s)-:	dezentralisieren, desorientieren...
dis-:	disqualifizieren...
in-:	infizieren, inspizieren...
re-:	rekonstruieren, reorganisieren...

Untrennbare Verbteile sind immer unbetont – mit folgenden Ausnahmen: Das **38** Präfix *miß-* ist immer untrennbar, aber bei einigen Verben, z. B. bei *mißverstehen,* betont.
Eine Gruppe von Verben hat einen Verbteil, der aus einem Substantiv, einem Adjektiv oder Adverb besteht; diese Verbteile sind zwar betont, aber untrennbar:

árgwöhnen, frühstücken, hándhaben, kénnzeichnen, lángweilen, óhrfeigen, scháuspielern, schlúßfolgern

Trennbare Verbteile **39**

Trennbare Verbteile sind immer betont.

áb-fahren	dár-stellen	hín-fallen	vór-stellen
án-kommen	éin-räumen	lós-fahren	wég-laufen
áuf-räumen	empór-steigen	mít-nehmen	wéiter-geben
áus-üben	fórt-laufen	nách-denken	wíeder-sehen
beí-stehen	hér-kommen	níeder-reißen	zú-hören

Die Richtungsadverbien *hin, her* und das Pronominaladverb *da(r)* können sich mit einem trennbaren Verbteil verbinden – allerdings nicht mit jedem aus der Liste – und sind in dieser Kombination dann unbetont. Möglich sind u. a. folgende Verbindungen:

heráb-, herán-, heráuf-, heráus-, herbéi-, heréin-, hervór-; hináb-, hináuf-, hináus-, hinéin-, hinzú-; darán-, daráuf-, dabéi-, davór-, dazú-.

heráus-kommen, hináb-steigen, daráuf-setzen, heréin-fallen, hináus-schauen, dazú-kommen.

Beide Teile werden zusammen abgetrennt:

Was kommt dabei *heraus?*

40 Außer den genannten trennbaren Verbteilen, die zur Hauptsache Präpositionen *(an-)* und daneben auch Adverbien entsprechen *(hin-, her-),* können auch Adjektive, Substantive, andere als die schon genannten Adverbien und sogar Verben trennbare Verbteile sein.

(a) Adjektive

úbelnehmen	óffenstehen	líebhaben
érnstnehmen	léichtfallen	gútheißen
schwérnehmen	schwérfallen	wármstellen

(b) Substantive
   rádfahren, maschíneschreiben, skílaufen

(c) Adverbien
   féhlschlagen, wéhtun, wóhltun

(d) Verben
   kénnenlernen, spazíerengehen, verlórengehen,
   sítzenbleiben, fállenlassen

41 Kombination zweier Verbteile

Oben wurde bereits gesagt, daß zwei trennbare Verbteile zusammen abgetrennt werden, z. B. *heráusfordern – ich fordere ihn heraus.* Es gibt aber auch Verben, bei denen trennbare und untrennbare Verbteile miteinander kombiniert werden, z. B. *anerkennen* oder *beeinflussen.*

Regel

Über die Trennbarkeit entscheidet immer der erste der beiden Verbteile.
Das bedeutet: Wenn der erste Verbteil untrennbar ist, dann werden beide nicht getrennt (vgl. *beeinflussen*). Wenn aber der erste Verbteil trennbar ist, dann wird er abgetrennt, und der folgende untrennbare Verbteil bleibt mit dem Verb verbunden. Vergleichen Sie:

Er *beeinflußt* mich.	Er *bereitet* sich *vor.*
. . . , weil er mich *beeinflußt*	. . . , weil er sich *vorbereitet*
zu *beeinflussen*	sich *vorzubereiten*
beeinflußt werden	*vorbereitet* werden

Verbteile, die sowohl trennbar als auch untrennbar sind   42

Hierher gehören *durch-, über-, um-, unter-, wider-*.

trennbar	untrennbar
über-setzen (über einen Fluß) über-treten[1]	übersétzen (in eine Sprache) übertréten[1], übernéhmen, überhólen, überdénken, überfáhren
úm-schreiben[2], úm-gehen[3], úm-stoßen, úm-bringen, úm-arbeiten	umschréiben[2], umgéhen[3], umgében
únter-bringen	untergráben, unternéhmen, unterríchten, untersúchen
wíder-hallen	sich widersétzen

In einigen Fällen haben die Verben mit betontem und trennbarem Verbteil eine räumlich-konkrete Bedeutung, die Verben mit untrennbarem und unbetontem Verbteil eine übertragene Bedeutung:

Ich *schneide* den Apfel mit dem Messer *durch.* (Der Apfel besteht jetzt aus zwei Hälften.)

Das Segelboot *durchschneidet* die Wellen. (Es sieht nur so aus, als ob.)

---

1 *über-treten:* bei bestimmten Sportarten über eine Markierung treten (dann ist der Sprung oder Wurf ungültig). – Eine Bestimmung oder ein Gesetz *übertréten:* gegen eine Bestimmung oder ein Gesetz verstoßen.

2 Vergleichen Sie: Das Manuskript wurde *úmgeschrieben,* d. h. verändert (man könnte auch sagen: *úmgearbeitet).* – Eine Sache *umschréiben* bedeutet: sie mit anderen Worten ausdrücken.

3 *úm-gehen* mit etwas oder jemandem bedeutet: etwas oder jemanden in einer bestimmten Weise behandeln *(Er ist mit Kindern immer gut umgegangen.)* – *umgéhen:* etwas vermeiden *(Wir haben diese Schwierigkeit umgangen.)*

43 Partizip I und II

Zu den infiniten Formen des Verbs, d. h. zu den Formen, in denen weder eine Person noch ein Tempus ausgedrückt ist, gehören der Infinitiv ($\triangleright$ §§ 1–4) sowie die Partizipien I und II (= Part. I, Part. II).

Formen

Part. I:
Diese Form bildet man, indem man ein *-d* an den Infinitiv hängt:
ankommen-d[1]

Part. II:
Die regelmäßigen und die unregelmäßigen Verben bilden jeweils ein eigenes Part. II, die regelmäßigen auf *-(e)t* und die unregelmäßigen auf *-en*. Da sehr viele Verben, aber nicht alle auch noch die Vorsilbe *ge-* haben, lautet die volle Form:

(ge) - (e)t	ge-mach-t, ge-arbeit-et, ent-fern-t, vor-ge-mach-t
(ge) - en	ge-lauf-en, be-komm-en, an-ge-komm-en

Ausnahmen

Das Verb *tun*: *ge-tan*; *werden* hat zwei Part.-II-Formen, je nachdem, ob es in passivbildender Funktion ($\triangleright$ §§ 85–89) oder mit prädikativem Adjektiv verwendet wird:

Er ist informiert worden. (Passiv)
Er ist alt geworden. (mit prädikativem Adjektiv)

Ebenfalls zwei Formen haben die Modalverben ($\triangleright$ §§ 62–75):

Sie hat es nicht tun können.
Sie hat es nicht gekonnt.

(Dieser Unterschied wird im Modalverb-Kapitel näher erklärt.)
Kein *ge-* haben die Verben mit untrennbarem Verbteil (*be-frag-t*, *ent-fern-t*) sowie die Fremdwörter auf *-ieren*:[2]

Er hat demonstrier-t.

---

1 Eine Ausnahme macht das Verb *tun*. Wenn es allein steht, bildet es kein Part I. Zusammen mit dem trennbaren Verbteil *wohl-* bildet es die Form *wohl-tu-end*.
2 *frieren* und *schmieren* sind deutsche Wörter: *hat gefroren, hat geschmiert*.

Funktionen des Partizip I   **44**

Das Part. I kommt vor als:
(a) attributives Adjektiv, d. h. es hat eine Adjektivendung und steht vor
    einem Substantiv ($\triangleright$ §§ 222 ff.):

> *gravierende Mängel, dringende Erledigungen*

In dieser Funktion sind relativ häufig:

abschließend	gravierend	stellvertretend
anschließend	kommend	stinkend
bedeutend	lähmend	überwiegend
bevorstehend	lärmend	umfassend
blühend	laufend	vorliegend
dringend	mangelnd	wohlschmeckend
fließend	passend	zurückhaltend
geltend	rasend	zurückliegend
glänzend	schonend	

(b) *sein* + Part. I.   **45**
Diese Struktur kann man nur von einigen Verben bilden, bei den meisten
ist sie nicht möglich. Man kann z. B. nicht sagen:

*Peter ist gehend.
*Der Zug ist ankommend.

Es gibt jedoch einige Verben, bei denen *sein* + Part. I möglich ist. Hier
muß man zwei Gruppen unterscheiden:
(1) Verben, die eine psychische Wirkung bezeichnen:

abstoßend	beleidigend	erregend	rührend
anregend	beunruhigend	erschütternd	spannend
aufregend	empörend	hinreißend	störend
befriedigend	entnervend	irritierend	unterhaltend
belastend	erheiternd	kränkend	

Sein Verhalten gegen mich war beleidigend.
Das Fußballspiel war bis zur letzten Minute spannend.

(2) Andere Verben:

abwesend	ausreichend	naheliegend
anstrengend	erfrischend	schwerwiegend
anwesend	gravierend	unzureichend
		wohltuend

Die Partizipien I unter (1) und (2) werden heute als Adjektive aufgefaßt.

46 (c) Außerdem kann das Part. I die folgenden Funktionen haben:
– Es kann Substantiv sein, hat aber die Endung eines attributiven Adjektivs:

der Vorsitzende, ein Vorsitzender (▷ §§ 222 ff.)

– Es kann eine Präposition sein:

Jeder zahlt Steuern *entsprechend* seinen Einkünften. (▷ §§ 284 ff.)

– Es kann Modalangabe (▷ § 335) bei Verben sein:

Seine Behauptungen entsprechen *weitgehend* den Tatsachen.

Kopfschüttelnd verließ er den Raum.

Die Ergebnisse werden *eingehend* geprüft.

47 Funktionen des Partizip II

Die wichtigsten Funktionen des Part. II sind die Bildung des Perfekts mit *haben/sein* (▷ §§ 49–51) sowie die Bildung des Passivs mit *werden/sein* (▷ §§ 85–97):

Fritz *ist eingeschlafen.*

Der Wagen *hat* scharf *gebremst.*

Der Backofen *wird* auf 250 Grad *vorgeheizt.* (*werden*-Passiv)

Das Fenster *ist geöffnet.* (*sein*-Passiv)

Die übrigen Funktionen des Part. II sind mehr oder weniger die gleichen wie die des Part. I:
(a) Es kommt vor als attributives Adjektiv: Hier kann es zwei Bedeutungen haben, nämlich eine aktivische: *der angekommene Zug* (der Zug, der angekommen ist) und eine passivische: *das geöffnete Fenster* (das Fenster, das geöffnet ist / worden ist).

(b) Außerdem hat das Part. II folgende Funktionen:
- Es kann Substantiv sein, hat aber die Endung eines attributiven Adjektivs (▷ §§ 222 ff., 242):
  der Verletzte, ein Verletzter
- Es kann Präposition sein:
  Ungeachtet meiner Warnung ging er auf das dünne Eis. (selten)
- Es kann Angabe (▷ §§ 330 ff.) sein:
  Der Fußballspieler wurde *verletzt* vom Platz getragen.

48 Es gibt einige Formen des Part. II, zu denen es keinen Infinitiv, kein Präsens und kein Präteritum mehr gibt. Es handelt sich hier oft um die Reste von Verben, die nicht mehr verwendet werden, oder um solche Verben, bei denen alle übrigen Formen eine ganz andere Bedeutung haben als das Part. II. Hierher gehören besonders Partizipien mit den Vorsilben *be-* und *ver-*:

benommen	bebrillt	begabt	behaart
behaftet mit	bejahrt	bekannt	beklommen
beleibt	belesen	benachbart	berüchtigt
berühmt			

verhärmt	verhaßt	verlogen
verpönt	verrückt	verschollen

Diese Wörter sind nur noch in formaler Hinsicht Partizipien. Man kann mit ihnen weder ein Passiv noch ein Perfekt bilden. Sie sind ganz einfach Adjektive. Einige von ihnen kommen nur in verneinter Form vor:

unverfroren, unverhofft, unbeholfen

49

Bildung des Perfekts mit *haben* und *sein*

Man bildet das Perfekt mit Hilfe
- des Partizips II (▷ § 43) sowie
- der Form des Indikativ Präsens von *haben* bzw. *sein*:

  Sie hat gelacht.
  Er ist gekommen.

---

50 **Wann benutzt man *haben* und wann *sein*?**

Die meisten Verben bilden ihr Perfekt mit *haben,* z. B.
– fast alle Verben mit einem Akkusativobjekt:[1]

> Er hat die Kinder in den Kindergarten gebracht.

– alle Verben mit einem Reflexivpronomen (▷ §§ 76–81):

> Damals habe ich mich geirrt.

Von den nicht-akkusativischen und nicht-reflexiven Verben bilden nur diejenigen ihr Perfekt mit *sein,* die eine räumliche Veränderung (so z. B. viele Verben der Bewegung) oder eine Zustandsveränderung bezeichnen.

Räumliche Veränderung:

> Mein Portemonnaie ist verschwunden.
> Der Zug ist abgefahren.
> Fritz ist die Treppe hinuntergefallen.

Zustandsveränderung:

> Die Blumen sind verblüht.
> Der Kranke ist eingeschlafen.

51 Ein *sein*-Perfekt bilden außerdem:

sein, werden, bleiben, passieren, geschehen, gelingen, mißlingen, vorkommen, bekommen + Dat$_{Pers}$[2]:

> Mir ist nichts passiert.
> Der Versuch ist gelungen.
> Das Essen ist mir schlecht bekommen.

Wichtig!

Einige Verben der Orts- bzw. Zustandsveränderung sind reflexiv oder haben ein Akkusativobjekt. Sie bilden deshalb ihr Perfekt mit *haben*:

> Susanne hat sich sehr verändert.
> Soeben hat der Chef die Firma verlassen.

---

1 Ausnahmen sind: *angehen, durchgehen, loswerden.*
   Nach langem Zögern sind wir das Problem endlich angegangen.
   Ich bin das neue Buch gleich an meinen Kollegen losgeworden.
2 Dat$_{Pers}$ = Dativ der Person. Auch bei den Verben des Sagens und Gebens (▷ § 123) findet sich ein Dativ der Person: *Er hat mir nichts gesagt. – Ich habe ihm meinen Wagen geliehen.*

Auch wichtig!

Es gibt einige Verben der Bewegung ohne räumliche Veränderung. Diese bilden ebenfalls ein *haben*-Perfekt:

Mir hat die Hand gezittert.

Tempora   52

Man unterscheidet in der deutschen Sprache sechs Tempora:

Präsens	Deutschland *hat* wenig Bodenschätze.
Präteritum	Der erste Weltkrieg *begann* 1914.
Perfekt	Ich *habe* mein Portemonnaie *verloren.*
Plusquamperfekt	Nachdem er das Abitur *gemacht hatte,* begann er mit dem Studium der Geschichte.
Futur I	Morgen *werden* wir das Ergebnis der Prüfung *hören.*
Futur II	In zwei Tagen *wird* er die Arbeit *beendet haben.*

„Tempus" ist aber nicht dasselbe wie „Zeit". Man kann sich z. B. durchaus mit dem Präteritum auf die Gegenwart beziehen

Verzeihen Sie, wie *war* doch gleich Ihr Name?

(Das heißt eigentlich: Was *sagten* Sie vorher, wie Ihr Name *ist?*)

...und mit dem Perfekt auf die Zukunft:

Morgen *habe* ich die Sache *erledigt.*

Das macht die Verwendung der Tempora so schwierig. Besonders schwierig ist die Unterscheidung zwischen Präteritum und Perfekt ($\triangleright$ § 54).

Präsens   53

Es hat drei Hauptbedeutungen:

(a) Aktualität eines Geschehens oder eines Zustandes in der Sprechzeit:

Das Telefon *klingelt.*

Fritz *wohnt* in Berlin.

(b) Zukunft:

Ich *komme* gleich wieder.

Morgen *ist* die Arbeit fertig.

(Meist wird – wie in diesen Beispielen – ein Adverb verwendet, um den Bezug auf die Zukunft deutlich zu machen.)

(c) allgemeingültige Aussagen, d. h. solche, die für die Gegenwart, die Vergangenheit und die Zukunft gelten:

Der Walfisch *ist* ein Säugetier.

Lügen *haben* kurze Beine. (Viele Sprichwörter haben dieses sogenannte atemporale Präsens.)

54 Perfekt und Präteritum

Die Beziehungen zwischen Perfekt und Präteritum sind ziemlich kompliziert. In vielen Situationen kann man beides verwenden, in anderen nur das Perfekt oder nur das Präteritum. Wir wollen uns auf die Fälle beschränken, in denen man nur eines dieser Tempora gebrauchen kann und das andere ausgeschlossen ist, und auf solche Fälle, in denen ein Tempus überwiegend und das andere seltener gebraucht wird.

(a) In folgenden Fällen verwendet man das **Perfekt,** aber nicht das Präteritum:
   – Bezug auf die Zukunft:

Morgen *habe* ich die Arbeit *beendet.*

(falsch ist: *Morgen beendete ich die Arbeit.)

   – in einer Reihe idiomatischer Wendungen:

nicht auf den Mund gefallen sein

es auf etwas abgesehen haben

eine bestimmte Behandlung nicht verdient haben

seine Zeit nicht gestohlen haben

jemanden gefressen haben (= jemanden überhaupt nicht leiden mögen)

für jemanden gestorben sein (= als Partner nicht mehr akzeptabel sein)

auf jemanden ein Auge geworfen haben

an einem Ort nichts verloren haben

55   – Wenn man in der Gegenwart etwas sieht oder hört, z. B. einen Zustand, der als Resultat einer vorangegangenen Aktion aufzufassen ist, benutzt man das Perfekt:

Man hört, daß Sie sich erkältet haben, Frau Wagner.

(nicht: *... daß Sie sich erkälteten ...)

Man sieht, daß Klaus-Peter schlecht geschlafen hat. (nicht: *... schlecht schlief)

   – Ebenso wenn man eine Konversation mit einer wichtigen Neuigkeit eröffnet; zum Ausdruck einer unmittelbaren Vergangenheit:

Hast du schon gehört: Brandt ist zurückgetreten!

Die Deiche sind gebrochen!

Bayern München hat gewonnen!

(b) In diesen Fällen verwendet man nur das **Präteritum,** aber nicht das Per- **56**
fekt:

– Bezug auf die Gegenwart:

Wer *bekam* das Bier?

Wie *war* doch Ihr Name? ($\triangleright$ § 52)

Diese Verwendung des Präteritums kommt nur in der gesprochenen
Sprache vor. Wer hat das Bier bekommen? ist zwar auch möglich, bezieht sich
aber auf die Vergangenheit.

– Verben, die nicht im Perfekt stehen können:

verlauten, stammen aus, entstammen, münden, angehen + Akk. (das
ging ihn nichts an...)

– Verben, die nur in einer bestimmten Bedeutung nicht im Perfekt stehen:

es heißt (= man muß): Nun *hieß* es aufpassen.

müssen, können, mögen zum Ausdruck einer Vermutung:

Er *mochte* etwa 28 Jahre alt sein.

In dieser kurzen Zeit *konnte* sie die Stadt nicht verlassen haben.

Er *mußte* sehr reich gewesen sein.[1]

– mehrere Verben mit Inf$_{zu}$, einige von ihnen nur in bestimmten Bedeutungen:

drohen zu	Das Schiff drohte zu sinken.[2]
versprechen zu	Das Wetter versprach schön zu werden.[3]
pflegen zu	Er pflegte nach dem Essen spazierenzugehen.
scheinen zu	Sie schien sich bei uns nicht wohl zu fühlen.
gedenken zu	Er gedachte sich an eine andere Universität zu bewerben.
stehen zu	Auf der Tafel stand zu lesen: ...
bleiben zu	Es blieb abzuwarten, wie die Sache sich entwik-keln würde.
wissen zu verstehen zu }	Der Mann wußte/verstand zu leben.

– das *sein*-Passiv:

Sein Arm war verbunden.

Der Platz war gesperrt.

---

1 Lassen Sie sich nicht irreführen: In diesen Beispielen kommt ein Perfekt vor – *gewesen sein* z. B. –,
aber nur im Infinitiv, die Verben *müssen, können, mögen* stehen im Präteritum.

2 Aber: *Er hat mir gedroht, mich bei der Polizei anzuzeigen.*

3 Aber: *Er hat versprochen, mir zu helfen.*

57 (c) In diesen Fällen verwendet man **meistens das Perfekt**; das Präteritum ist hier seltener, aber nicht falsch:

- die 2. Pers. Sing. und Plur.:

    du bist gegangen, du gingst (seltener)

    Der Grund: Eine größere Anzahl dieser Formen ist auch für Deutsche schwer aussprechbar. z. B. *du batest, du aßest, du brietest, du flochtest.* Für einige andere Formen, wie z. B. *du warst* oder *du hattest,* gilt dies sicher nicht.

- Wenn man Ereignisse mündlich erzählt, besonders solche, die man selbst erlebt, oder Dinge, die man selbst getan hat, ist das Perfekt häufig. Dies ist eine sehr wichtige Verwendungsform des Perfekts:

    Nach dem Mittagessen *habe* ich eine Stunde *geschlafen.*

    Dann *bin* ich ins Schwimmbad *gegangen.*

58 (d) In diesen Fällen verwendet man **meistens das Präteritum**; das Perfekt ist hier seltener, aber nicht falsch:

- bei *gehen* und *kommen* in mehreren übertragenen, d. h. nicht-räumlichen Bedeutungen:

    das ging nicht

    das ging zu weit

    es kam mir darauf an, daß ...

- wenn man Ereignisse schriftlich wiedergibt, die nacheinander in der Vergangenheit passierten, z. B. in einem Lebenslauf oder auch im Märchen:

    Ich *wurde* am 29. 3. 1954 in Karlstadt am Main geboren. Nach dem Besuch der Grundschule *kam* ich 1964 auf das Humboldt-Gymnasium in ...

    Es *war* einmal ein König, der *hatte* sieben Töchter. Er *war* aber so stolz, daß er sie keinem Mann geben *wollte.* Eines Tages *kam* ein Ritter ...

- wenn man über Gewohnheiten, Eigenschaften, Fähigkeiten und Unfähigkeiten von Menschen berichtet:

    Maßmann *konnte* kein Latein.

    Kant *ging* täglich spazieren.

59 Plusquamperfekt

Dieses Tempus benutzt man besonders dann, wenn man sagen will, daß von zwei Ereignissen in der Vergangenheit das eine früher als das andere stattfindet. Es wird deshalb häufig in Satzgefügen mit *nachdem* verwendet:

Nachdem ich mich *immatrikuliert hatte,* machte ich mir einen Semesterplan.

Man kann es aber auch in Erzählungen benutzen:

Peter lebte seit seinem fünften Lebensjahr bei seinen Großeltern. Er *hatte* seine Eltern früh *verloren*.

Futur I 60

(a) Dieses Tempus benutzt man meistens, um eine Vermutung über ein Geschehen in der Gegenwart auszudrücken:

 A: Weißt du, wo Fritz ist?
 B: Der *wird* zu Hause *sein*. (= Der ist vermutlich zu Hause.)

(b) Man kann sich auch auf ein zukünftiges Geschehen beziehen. Dabei kann es sich auch um eine Vermutung handeln:

 Sendeschluß *wird* gegen 23.30 Uhr *sein*. (Fernsehansage)
 Fritz *wird* wohl gleich zurück *sein*. (Vermutung)

Vergleiche:

 Ich *werde* morgen wieder zurück *sein*. (Futur I)
 Ich *bin* morgen wieder zurück. (Präsens)

Beide Sätze bedeuten fast das gleiche. Der Unterschied: Das Futur I hat eher den Charakter einer Vermutung.

Futur II 61

(a) Mit dem Futur II drückt man hauptsächlich eine Vermutung über ein Geschehen in der Vergangenheit aus:

 A: Wisssen Sie, wo Dr. Grützmacher ist?
 B: Der *wird* schon nach Hause *gegangen sein*. (= Der ist vermutlich schon nach Hause gegangen.)

(b) Man kann sich auch auf ein zukünftiges Geschehen beziehen, das als abgeschlossen vorgestellt wird. Es kann sich dabei auch um eine Vermutung handeln. Normalerweise verwendet man bei Zukunftsbezug eine Zeitangabe.

 In ein paar Tagen *werden* wir das Nordkap *erreicht haben*.

62 Modalverben

Sie *können* jetzt gehen.

Der Kranke *darf* noch nicht aufstehen.

Ich *muß* noch einige Besorgungen machen.

Die folgenden sechs Verben gelten als Modalverben im engeren Sinne: *können, wollen, sollen, müssen, mögen* und *dürfen.*

Formale Besonderheiten haben diese Verben besonders im Präsens:
- Sie wechseln ihren Stammvokal vom Singular zum Plural (außer *sollen*).
- Die 1. und 3. Pers. Sing. Präsens haben keine Endung, genauso wie die unregelmäßigen Verben im Präteritum.[1] Vergleichen Sie:

ich kann-∅ / muß-∅ / darf-∅ (Präsens)
ich kam-∅ (Präteritum)

Indik. Präs.	dürfen	können	mögen	
ich	darf-∅	kann-∅	mag-∅	möcht-e
du	darf-st	kann-st	mag-st	möcht-est
er, sie, es	darf-∅	kann-∅	mag-∅	möcht-e
wir, sie, Sie	dürf-en	könn-en	mög-en	möcht-en
ihr	dürf-t	könn-t	mög-t	möcht-et
	müssen	sollen	wollen	
ich	muß-∅	soll-∅	will-∅	
du	muß-t	soll-st	will-st	
er, sie, es	muß-∅	soll-∅	will-∅	
wir, sie, Sie	müss-en	soll-en	woll-en	
ihr	müß-t	soll-t	woll-t	

---

1 Und wie *wissen* im Indik. Präs.: *ich weiß, er/sie weiß.*

Der K I wird wie bei anderen Verben auch (▷ § 23) direkt vom Infinitiv **63** gebildet. Es gibt hier keinen Vokalwechsel zwischen Singular und Plural, und die Endungen sind dieselben wie auch sonst im K I:

KI	dürfen	können	mögen
ich	dürf-e	könn-e	mög-e
du	dürf-est	könn-est	mög-est
er, sie, es	dürf-e	könn-e	mög-e
wir, sie, Sie	dürf-en	könn-en	mög-en
ihr	dürf-et	könn-et	mög-et
	müssen	sollen	wollen
ich	müss-e	soll-e	woll-e
du	müss-est	soll-est	woll-est
er, sie, es	müss-e	soll-e	woll-e
wir, sie, Sie	müss-en	soll-en	woll-en
ihr	müss-et	soll-et	woll-et

Bemerkung

Die 2. Pers. Sing. und Plur. werden selten gebraucht, die 3. Pers. Sing. kommt am häufigsten vor. Für die 1. und 3. Pers. Plur. werden normalerweise die Ersatzformen des K II verwendet (▷ § 31).

Im Indikativ Präteritum haben die Modalverben die Endungen von regelmäßi- **64** gen Verben; die Stammvokale haben keinen Umlaut:

Indik. Prät.	dürfen	können	mögen
ich	durf-te	konn-te	moch-te
du	durf-test	konn-test	moch-test
er, sie, es	durf-te	konn-te	moch-te
wir, sie, Sie	durf-ten	konn-ten	moch-ten
ihr	durf-tet	konn-tet	moch-tet
	müssen	sollen	wollen
ich	muß-te	soll-te	woll-te
du	muß-test	soll-test	woll-test
er, sie, es	muß-te	soll-te	woll-te
wir, sie, Sie	muß-ten	soll-ten	woll-ten
ihr	muß-tet	soll-tet	woll-tet

65 Im Konjunktiv II erscheint wieder der Umlautvokal des Infinitivs (aber nicht bei *sollen* und *wollen*):

KII	dürfen	können	mögen
ich	dürf-te	könn-te	(hier benutzt man
du	dürf-test	könn-test	die entsprechen-
er, sie, es	dürf-te	könn-te	den Formen von
wir, sie, Sie	dürf-ten	könn-ten	*wollen*)
ihr	dürf-tet	könn-tet	
	müssen	sollen	wollen
ich	müß-te	soll-te	woll-te
du	müß-test	soll-test	woll-test
er, sie, es	müß-te	soll-te	woll-te
wir, sie, Sie	müß-ten	soll-ten	woll-ten
ihr	müß-tet	soll-tet	woll-tet

66 Besonderheiten

Die Modalverben bilden keinen Imperativ und kein Passiv. Sie schließen einen Infinitiv ohne *zu* an:

> *Er kann das Fenster nicht öffnen.*

Zusammmen mit dem Infinitiv bilden sie im Hauptsatz eine Satzklammer (▷ § 308).
Das Perfekt bilden die Modalverben mit *haben*. Ihr Part. II ist identisch mit ihrem Infinitiv; das Part. II steht am Ende des Satzes:

> Er hat das Fenster nicht öffnen können.

Im eingeleiteten Nebensatz steht die Form von *haben* vor Infinitiv und Part. II:

> Es ist schade, daß er nicht hat kommen können.

67 Die Modalverben können auch ohne Infinitiv gebraucht werden. Sie sind dann Vollverben:

Ich mag keine Graupen.

Fritz kann vier Sprachen.

Ich möchte, daß man mir zuhört.[1]

Sie will, daß wir rechtzeitig kommen.

In diesem Fall wird das Part. II regelmäßig mit *ge - t* gebildet; der Stamm hat keinen Umlaut:

> *ge-durf-t, ge-konn-t, ge-moch-t, ge-muß-t, ge-soll-t, ge-woll-t*

Das Hilfsverb *haben* steht im Nebensatz regulär am Ende:

> ..., daß Fritz vier Sprachen gekonnt hat.

68 Modalverben modifizieren den Inhalt des Hauptverbs. Man muß bei den einzelnen Modalverben verschiedene Varianten unterscheiden.

dürfen

– Indikativ Präsens: Erteilung einer Erlaubnis

> Sie dürfen in der Prüfung ein Lexikon benutzen.

– Indikativ Präsens und Konjunktiv II: Erlaubnis

> Darf ich mir das Buch nehmen?

Wenn man sehr höflich um Erlaubnis bitten will, benutzt man den K II.

> Dürfte ich das Fenster einen Augenblick öffnen?

– K II: eine sehr vorsichtige Vermutung

> Da dürften Sie recht haben.
> Er dürfte Schwierigkeiten in seinem Beruf haben.

– *nicht dürfen* (Indikativ): Verweigerung einer Erlaubnis

> Sie dürfen den Kranken nicht aufwecken!

können   **69**

– Indikativ: objektive Möglichkeit und subjektive Fähigkeit

> Die Autobahn kann seit gestern wieder befahren werden.
> Er kann sich gut konzentrieren.

---

1 Im Perfekt verwendet man *mögen* nicht mit *daß*-Satz, man benutzt statt dessen *wollen: Er hat gewollt, daß* ... Die Variante *mag* beim *daß*-Satz erscheint meist nur in der Form: *Sie mag es (nicht), daß* ...

– Indikativ: Erteilung einer Erlaubnis (ersetzt in der gesprochenen Sprache oft *dürfen*)

> Sie können jetzt nach Hause gehen.

– Indikativ und K II: Erlaubnis (als Ersatz für *dürfen*)

> Könnte ich Sie einen Augenblick sprechen?
> Könnte ich einen Blick in das Protokoll werfen? (wenn man sehr höflich sein will)

– K II: eine neutrale Vermutung

> Da könntest du recht haben. (In der gesprochenen Sprache ist auch der Indikativ Präsens möglich: Du kannst recht haben.)

70 *mögen*

Dieses Verb hat die beiden Varianten *mag*[1] und *möchte*; letztere ist ursprünglich der K II von *mögen,* hat aber Indikativ-Präsens-Bedeutung.

– Indikativ: Ausdruck einer Vermutung

> Das mag richtig sein. (Oft folgt auf diesen Satz ein *aber.*)
> Er mochte zwischen 70 und 80 Jahre alt sein.

– Indikativ: eine ratlose Frage

> Wo mag er nur sein?

– Indikativ und K II: Ausdruck eines Wunsches

> Ich mag nichts essen.
> Sie möchte sich schon heute zur Prüfung anmelden.

(Hier wird meistens der K II verwendet; der Indikativ *mag* kommt fast nur in verneinter Form vor.)

71 *müssen*

– Indikativ: Ausdruck einer objektiven oder subjektiven Notwendigkeit

> Er muß heute noch seinen Vater vom Bahnhof abholen.
> Ich muß vor den Ferien noch eine Menge Arbeit erledigen.

– Die verneinte und die mit *nur* oder *kaum* eingeschränkte Notwendigkeit wird meistens mit *brauchen* + Inf$_{zu}$ ausgedrückt:

> Du brauchst dich nicht zu beeilen.

---

1 Als Hauptverb hat es die Bedeutung: Etwas oder jemanden gern haben. Hier erscheint nur *mag.*

– Indikativ und K II: eine sehr sichere Vermutung

> Lisa muß jetzt zu Hause sein.
> Das müßte stimmen.

– Indikativ Präsens, 2. Pers. Sing./Plur: eine objektive Notwendigkeit oder eine Aufforderung

> Sie müssen Ihre Arbeit rechtzeitig abgeben.

sollen 72

– Indikativ Präsens (seltener Vergangenheit): Ausdruck einer Pflicht, eines Auftrags oder einer Bestimmung

> Ich soll Ihnen mitteilen, daß Herr Blumenberg krank ist.
> Der Mensch soll solidarisch handeln.

Zwischen *sollen* und *müssen* gibt es Gemeinsamkeiten, aber auch Unterschiede. So drückt man mit *sollen* keine subjektive Notwendigkeit aus. Vergleichen Sie:

> Ich muß etwas essen. (weil ich Hunger habe)
> Ich soll etwas essen. (weil der Arzt es gesagt hat)

(Man *soll* oft etwas, was ein anderer *will*.)

– Indikativ Präsens, meist in der 3. Person: Der Sprecher gibt eine Information oder eine Behauptung wieder, für deren Richtigkeit er keine Garantie übernimmt.

> Frau Teichmüller soll krank sein. (Man sagt, daß sie krank ist.)

– K II, nur 2. Pers.: Ausdruck einer Empfehlung:

> Du solltest einmal zu einem Ohrenarzt gehen.

– K II, als erstes Wort eines Konditionalsatzes ohne Subjunktor (▷ §§ 371–373):

> Sollte es regnen, bleiben wir zu Hause.

wollen 73

– Indikativ: Wille, Absicht

> Ich will ihn morgen anrufen.

Im Präteritum wird oft ein nicht realisierter Wunsch bezeichnet.

> Ich wollte ihn erst anrufen, aber dann überlegte ich es mir anders.

– Indikativ (meist Präsens und meist 3. Pers.): eine Information oder Behauptung, für die der Sprecher keine Garantie übernimmt

> Er will schon morgens im Büro gewesen sein.
>
> (= Er sagt, daß er schon morgens im Büro gewesen ist.)

Vgl. *er soll* (= *man* sagt, daß er) und *er will* . . . (= *er* sagt, daß er . . .). Mit der Variante *er will* kann man einen leisen Zweifel an einer Behauptung zum Ausdruck bringen.

74 Zusammenfassung

Die Formen des K II von *dürfen, können* und *müssen* drücken unterschiedliche Grade einer Vermutung aus:

sehr vorsichtige Vermutung	neutrale Vermutung	fast eine Gewißheit
es dürfte . . .	es könnte . . .	es müßte . . .

75 Sonderfall: *brauchen*

brauchen steht in mancher Hinsicht den Modalverben nahe. Es wird meist anstelle von *müssen* in verneinten oder durch *nur/kaum* eingeschränkten Sätzen benutzt. Im Perfekt ist sein Part. II = Infinitiv:

> Er hat die Strafe nicht zu zahlen brauchen.

brauchen wird jedoch häufiger im Präteritum als im Perfekt verwendet. Man benutzt dieses Verb in der geschriebenen Sprache (noch) sehr häufig mit *zu,* in der gesprochenen Sprache mit zunehmender Tendenz ohne *zu.*

76 Verben mit Reflexivpronomen

Bei Verben mit Reflexivpronomen *(mich/mir, dich/dir, sich, uns, euch)* muß man unterscheiden, ob das Reflexivpronomen

(a) immer zusammen mit dem Verb auftritt, d. h. sein Bestandteil ist, oder

(b) ob es bei einem Verb auftreten kann, aber nicht muß.

Im ersten Falle spricht man von *reflexiven Verben*, z. B.:

Er hat sich im Wald verirrt.

(Das Reflexivpronomen kann hier nicht weggelassen und es kann auch nicht gegen ein Substantiv ausgetauscht werden.)

Im zweiten Falle spricht man von *reflexiv gebrauchten Verben*, z. B.:

Ich wasche { mich.
{ mein Auto.

Listen der reflexiven Verben

77

Reflexivpronomen im Akkusativ

sich abheben von	sich bewerben	sich konzentrieren auf[1]
sich abzeichnen	sich distanzieren von	sich nähern
sich auskennen	sich eignen für	sich schämen
sich auswirken	sich entschließen zu	sich sehnen nach
sich bedanken	sich entsinnen an	sich sträuben
sich beeilen	sich ereignen	sich verhalten
sich befassen mit	sich erholen	sich verheiraten mit[1]
sich begnügen mit	sich erstrecken	sich verirren
sich benehmen	sich gedulden	sich verlieben in
sich besinnen auf	sich getrauen	sich verspäten
sich betrinken	sich immatrikulieren	sich wehren
sich bewähren	sich interessieren für[1]	sich weigern
	sich irren[2]	

sich beliebt/bemerkbar/lustig (über)/wichtig machen; sich schwer tun

Reflexivpronomen im Dativ, das Verb hat außerdem noch ein obligatorisches Akkusativobjekt: 78

sich etwas aneignen	sich etwas ausdenken	sich etwas heraus-nehmen
sich etwas anmaßen	sich etwas einbilden	sich etwas verbitten
		sich etwas vorstellen

---

1 *Jemanden für etwas interessieren, etwas konzentrieren, jemanden verheiraten* gibt es auch, aber nicht sehr häufig.

2 Hier kann man auch sagen: *Du irrst.*

79 Verben, die in reflexiver Verwendung eine Präposition haben und die meist eine andere Bedeutung haben als in nicht-reflexiver Verwendung. Das Reflexivpronomen steht im Akkusativ:

sich ängstigen vor	sich fürchten vor
sich ärgern über	sich handeln um (es)
sich aufregen über	sich hüten vor
sich aussprechen für/gegen/mit	sich kümmern um
sich bemühen um	sich machen an
sich berufen auf	sich scheuen vor
sich drehen um (es)	sich sorgen um[1]
sich ekeln vor	sich täuschen in
sich einlassen auf	sich unterhalten mit/über
sich einsetzen für	sich verlassen auf
sich einstellen auf	sich verstehen auf
sich entscheiden für/gegen	sich vertiefen in
sich ergeben aus	sich wundern über
sich freuen auf/an/über	

80 Reflexiv gebrauchte Verben

Bei einer relativ großen Zahl von Verben kann entweder ein Substantiv, ein Personalpronomen oder auch ein Reflexivpronomen stehen, z. B.:

etwas/jemanden waschen – sich waschen
etwas/jemanden ernähren – sich ernähren

Nie doppelter Akkusativ: Wenn das Verb bereits ein substantivisches Objekt im Akkusativ hat, dann steht das Reflexivpronomen im Dativ, z. B.:

Ich rasiere mich. Ich rasiere mir den Schnurrbart.

81 Zur Stellung der Reflexivpronomina

Diese können bei den reflexiven Verben nicht im Vorfeld stehen (▷ § 308), d. h. vor der finiten Verbform. Sie unterscheiden sich damit von den Personalpronomina, bei denen dies möglich ist. Vergleichen Sie:

---

1 Es gibt auch *sorgen für,* das hat eine ähnliche Bedeutung wie *sich kümmern um*; *sich sorgen um* heißt dagegen soviel wie *sich Sorgen machen.*

Ich fürchte *mich* vor ihm. (Reflexivpronomen)
Mich ärgert das. (Personalpronomen)

Bei reflexiv gebrauchten Verben kann das Pronomen im Vorfeld stehen.

Seinen Kindern gab er die besten Speisen. *Sich* selbst ernährte er sparsam.

Verben mit obligatorischem *es* 82

Eine kleinere Anzahl von Verben hat immer ein *es* bei sich. Sie lassen sich in folgende Gruppen einteilen:

(a) *es* bei Witterungsverben

es blitzt	es hagelt	es stürmt
es donnert	es regnet	es taut
es friert	es schneit	es zieht

(b) *es* bei *sein/bleiben/werden* + Substantiv/Adjektiv/Zahlenangabe

es ist Ostern	es bleibt kalt	es wird Abend
es ist 19.45 Uhr	es wird dunkel	es sind 23 Gäste

(c) *es* bei anderen Verben; *es* steht im Nominativ 83

es bleibt bei	es ist vorbei mit
es fehlt an + Dat.	es kommt $\begin{cases} \text{an auf + Akk.} \\ \text{darauf an, daß/Inf}_{\text{zu}} \end{cases}$
es geht um	
es geht + Adv. + zu[1]	es kommt zu
es geht + Dat$_{\text{Pers}}$ + Adv.[2]	es läuft darauf hinaus, daß
es gibt + Akk.	es mangelt an + Dat.
es handelt sich $\begin{cases} \text{um} \\ \text{darum, daß} \end{cases}$	es steht + Adv. + mit/um
es heißt $\begin{cases} \text{, daß} \\ \text{Inf.} \end{cases}$	

Nun heißt es aufpassen! (= Nun muß man aufpassen.)
Es heißt, daß er krank ist. (= Man sagt, daß er krank ist.)

---

1 Z. B.: *Hier geht es lustig zu.*
2 Z. B.: *Es geht mir gut/schlecht/ausgezeichnet.*

84 (d) *es* bei anderen Verben; *es* im Akkusativ

es absehen auf + Akk.	es aushalten
es anlegen auf + Akk.	es weit bringen
es aufnehmen mit	
es + Adv. + haben[1]	es + Adv. + meinen[3]
es zu tun haben mit	es sich + Adv. + machen[4]
es halten mit[2]	es versuchen mit

Der Dieb hatte *es* auf meine Handtasche abgesehen.

85 Passiv

Die Arbeit *wird erledigt.*
Die Angelegenheit *ist erledigt.*

Man unterscheidet im Deutschen zwei Formen des Passivs: das *werden*-Passiv und das *sein*-Passiv. Das Passiv hat diese Struktur:

werden/sein + Partizip II

Im Gegensatz zum Aktiv (Ich erledige die Arbeit.) hat man im Passiv die Möglich-keit, einen Vorgang oder einen Zustand ohne einen Täter oder Verursacher zu beschreiben. In dem Satz Die Angelegenheit wird erledigt wird nicht gesagt, von wem sie erledigt wird. Man kann sagen: Die Angelegenheit wird von mir erledigt, man muß es aber nicht. In sehr vielen Passivsätzen wird die handelnde Person oder der Ver-ursacher nicht genannt.
Der Unterschied zwischen *werden-* und *sein*-Passiv liegt darin, daß mit dem *werden*-Passiv eine Aktion oder ein Vorgang bezeichnet wird; man nennt es deshalb auch das „Vorgangspassiv". Im *sein*-Passiv wird dagegen ein Zustand beschrieben, der oft, wenn auch nicht immer, als Resultat einer Aktion oder eines Vorgangs zu verstehen ist; man nennt das *sein*-Passiv deshalb auch „Zustandspassiv".

---

1 Z. B.: *Es gut/schlecht/bequem haben.*
2 Z. B.: *Karl hält es mit den Dicken und Fröhlichen.* (= Er sucht deren Gesellschaft.)
3 Z. B.: *Es gut/böse meinen.*
4 Z. B.: *Machen Sie es sich bequem!*

Wichtig ist, daß man beide Passivformen nicht verwechselt. Dies geschieht oft deshalb, weil in einigen anderen Sprachen das Passiv mit dem Äquivalent des Verbs *sein* gebildet wird, z. B. engl.: *to be,* franz.: *être.*

werden-Passiv   **86**

Das *werden*-Passiv kann von den meisten Verben mit Akkusativobjekt gebildet werden:

> Zwei Professoren begutachten die Arbeit. →
> Die Arbeit wird von zwei Professoren begutachtet.

Aktivsatz		Passivsatz
Subjekt	⟶	steht bei *von* oder *durch* (▷ § 90)
Akkusativobjekt	⟶	Subjekt
es/man (als Subjekt)	⟶	(fallen weg)[1]
andere Kasus	⟶	(bleiben unverändert)

Man kann aber auch von einigen Verben ohne Akkusativobjekt ein sogenann-   **87**
tes unpersönliches Passiv bilden, und zwar von Verben

– mit Dativobjekt:
> Man hilft ihm.[2] ⟶ Ihm wird geholfen.

– mit präpositionalem Objekt:
> Man denkt an sie. ⟶ An sie wird gedacht.

– ohne Objekt:
> Man arbeitete lange. ⟶ Es wurde lange gearbeitet.

Bildung des Partizips II (▷ § 43)   **88**

Das Part. II von *werden* ist beim Passiv *worden*, beim prädikativen Adjektiv und beim Substantiv *geworden.* Vergleichen Sie:

> Er ist geprüft *worden.* (Passiv)
> Er ist alt *geworden.* (Adjektiv)
> Er ist Klempner *geworden.* (Substantiv)

---

1 Trotzdem kann *man* Subjekt eines Passivsatzes sein: *Hier wird man gut behandelt.*
2 Man sieht an diesem und dem folgenden Beispiel, daß es im Deutschen durchaus Sätze ohne Subjekt gibt. Natürlich hat die Handlung *(helfen)* einen Täter *(jemand, der hilft),* dieser wird aber nicht ausgedrückt.

89 Ausnahmen von der Regel in § 86:

Es gibt einige Verben mit Akkusativobjekt, von denen man weder ein *werden-*
noch ein *sein-*Passiv bilden kann:

– Bei Verben mit einer Angabe (▷ § 330) im Akkusativ wird diese nicht zum
  Nominativ, sondern bleibt unverändert:

  Man arbeitete drei Stunden. ⟶ Es wurde drei Stunden gearbeitet.

– Außerdem bilden kein Passiv die Verben *haben, erhalten, empfangen,*
  bekommen, kriegen, es gibt, kennen, lassen; ebenso Verben mit einem
  Akkusativobjekt der Quantität (Der Brief wiegt 20 Gramm.) und Verben mit
  Infinitiv ohne *zu* (▷ § 2) wie z. B. *sehen, hören, fühlen, spüren.*[1]

– Bei den meisten festen Verbindungen von Verb + Akkusativ (▷ §§ 132–135)
  (z. B. Reisen macht Spaß.) ist ebenfalls kein Passiv möglich.

90 *von* und *durch* beim Passiv

Das sogenannte Agens, d. h. der Täter[2] oder Verursacher eines Prozesses oder
eines Vorgangs, wird meistens mit *von*/Dativ oder mit *durch*/Akkusativ angeschlossen. *Von* verweist auf den Urheber oder die Ursache, *durch* auf das
Mittel oder den Vermittler. Der Bedeutungsunterschied zwischen *von* und
durch ist sehr gering. Man kann beide Präpositionen bei Personen ebenso wie
bei Dingen benutzen. Es gibt jedoch einige Ausnahmen.

von benutzt man meist in folgenden Fällen:

– *von seiten* + Genitiv, *von der Seite* + Genitiv:

  Diese Behauptung wurde von seiten / von der Seite der Regierung bestritten.

– bei den Pronomina *alle, beide, einige, manche, niemand, viele*:

  Diese Geschichte wird von allen/beiden/einigen/manchen/niemandem/vielen bezweifelt.

– bei einigen Verben wie z. B. *brauchen* und *benötigen*.

durch benutzt man meist in folgenden Fällen:

– bei Substantivierungen von Verben:

  Der Chef wurde durch einen Anschlag schwer verletzt.

– wenn das Agens ein Nebensatz ist:

  Dadurch, daß wir uns alle Mühe gaben, wurde das Projekt rechtzeitig abgeschlossen.

---

1 Z. B.: *Ich hörte ihn kommen.*
2 Lassen Sie sich von diesem Begriff nicht irritieren. Er bedeutet normalerweise, d. h. wenn man nicht
  gerade über das Passiv spricht, „der Kriminelle".

Gebrauch des *werden*-Passivs   **91**

Es erscheint relativ häufig in wissenschaftssprachlichen Texten, da es dort oft
nicht darauf ankommt, den Täter oder Verursacher eines Geschehens zu
identifizieren. Häufig kommt es außerdem vor in Texten der Administration
und in Texten der politischen Berichterstattung (Zeitungen).

sein-Passiv   **92**

Ein *sein*-Passiv kann man in der Regel nur von Verben bilden, bei denen auch
ein *werden*-Passiv möglich ist.
Das unpersönliche Passiv, d. h. das Passiv von Verben ohne Akkusativobjekt,
ist beim *sein*-Passiv nicht möglich.

Ausnahmen

Die Verben *dienen* und *helfen:*

> Ihm ist *geholfen.*
> Damit ist uns nicht *gedient.*

Der Tempusgebrauch des *sein*-Passivs ist gegenüber dem *werden*-Passiv stark
eingeschränkt: Es wird fast nur im Präsens und im Präteritum verwendet.
Ein Agens mit den Präpositionen *von* oder *durch* ist beim *sein*-Passiv nicht sehr
häufig, es kommt aber vor in Fällen wie:

> Die Straße war von Lampen erleuchtet.
> Die Wiese ist durch einen Zaun abgegrenzt.

Verben, die relativ häufig im *sein*-Passiv vorkommen, sind solche, die eine   **93**
emotionale Betroffenheit ausdrücken oder psychische Prozesse beschreiben.
Sie werden hier in der Part.-II-Form aufgeführt:

aufgeregt	enttäuscht	erzürnt
beeindruckt	entzückt	irritiert
befriedigt	erbittert	schockiert
begeistert	erfreut	überrascht
beleidigt	erleichtert	verblüfft
belustigt	ernüchtert	verbittert
bewegt	erregt	verstimmt
desorientiert	erschüttert	verwirrt
entsetzt	erstaunt	

94 Außerdem kommt das *sein*-Passiv noch bei den folgenden Verben häufiger vor; auch diese werden in der Part.-II-Form aufgelistet:

ausgenommen	gefährdet	überfordert
ausgerichtet	geholfen	überführt
ausgeschlossen	gekennzeichnet	untersagt
bedingt	gemeint	verboten
berechtigt	geplant	verknüpft
bewohnt	gerechtfertigt	verstopft
erlaubt	gerichtet	verwickelt
gebunden	überbelegt	vorgesehen
gedient	überflutet	

95 Das *sein*-Passiv ist eine Struktur, die der Konstruktion *sein* + Adjektiv nahe verwandt ist. Dies zeigt sich daran, daß bei einer Reihe von Verben, die das *sein*-Passiv bilden, das Part. II die Vorsilbe *un-* haben kann:

unberührt	unbewohnt	ungetrübt
unbesiegt	unerreicht	unverändert
unbestritten	ungeklärt	unverletzt

Beim *werden*-Passiv ist dies nicht möglich. Außerdem ist beim *sein*-Passiv das Part. II mit einem prädikativen Adjektiv kombinierbar:

> Er ist beleidigt und zornig.

Auch dies ist beim *werden*-Passiv nicht möglich.

96 Unterscheiden Sie zwischen dem *sein*-Passiv und dem sogenannten Zustandsreflexiv, das ebenfalls mit *sein* + Part. II gebildet wird. Das Zustandsreflexiv wird jedoch von reflexiven Verben (▷ §§ 76–81) gebildet, zu denen ein Passiv nicht möglich ist, und es bezeichnet immer einen Zustand. Vergleichen Sie:

> Sie ist verliebt. (Sie hat sich verliebt.) Zustandsreflexiv
> Er ist beleidigt. (Er ist beleidigt worden.) *sein*-Passiv

Folgende Verben kommen oft im Zustandsreflexiv vor:

ausgeprägt sein	beteiligt sein	geeignet sein
befaßt sein	betrunken sein	gerichtet sein
beschäftigt sein	entschlossen sein	interessiert sein

überzeugt sein	verheiratet sein	verschuldet sein
verfeindet sein	verliebt sein	vertieft sein
		verwundert sein

Weshalb benutzt man das Passiv? 97

Man benutzt das Passiv häufig dann, wenn Aktionen oder Vorgänge dargestellt werden, bei denen ein Agens entweder nicht bekannt ist oder gar nicht interessiert:

Das Problem muß gelöst werden.

In diesem Fall weiß man möglicherweise noch gar nicht, *wer* das Problem lösen muß, sondern nur, *daß* es gelöst werden muß. Ein weiteres Beispiel:

Das Passiv wird mit *werden* + Part. II gebildet.

Hier ist es absolut überflüssig, ein Agens der Handlung anzugeben. Natürlich sind alle diejenigen gemeint, die Deutsch sprechen (und diejenigen, die es lernen), aber das ist keine Information, so etwas versteht sich von selbst.

Verben mit Präposition 98

In den vorhergehenden Paragraphen war die Rede von den Veränderungen der Verbform: Bei der Bildung des Passivs oder des Konjunktivs verändert sich die Form des Verbs. In den folgenden Paragraphen geht es nun darum, daß bei bestimmten Verben noch andere Wörter auftreten, z. B. Präpositionen. Man lernt z. B., daß *achten* die Präposition *auf* hat. Dieser Komplex bereitet beim Deutschlernen immer wieder Schwierigkeiten. Deshalb behandeln wir ihn ausführlich.

an + Akkusativ		
anknüpfen	sich erinnern	rühren
sich anpassen	glauben	schreiben
appellieren	sich halten	verlieren[1]
denken	herantreten	sich wenden
sich entsinnen	sich machen	

---

1 Mit *an* wird die Person angeschlossen, die neuer Besitzer einer Sache ist:
   Ich habe beim Kartenspiel zehn Mark an meinen Freund verloren.

Verb

---

99 | *an* + Dativ

abnehmen[1]	leiden	sich stören
arbeiten	liegen (es, das)	teilhaben
sich beteiligen	mangeln (es)	teilnehmen
erkranken	mitwirken	verlieren[1]
fehlen (es)	sich orientieren	zerbrechen
sich freuen	sich rächen	zunehmen
gewinnen	riechen	zweifeln
hängen	sterben	

100 | *auf* + Akkusativ

abzielen	erkennen[2]	spekulieren
achten	sich erstrecken	steigen
ankommen (es, das)	fallen	steigern
anspielen	folgen	trinken
anstoßen	sich freuen	verfallen
aufpassen	hinauslaufen	sich verlassen
sich belaufen	hinweisen	sich verlegen
sich berufen	hoffen	(sich) vermindern
(sich) beschränken	hören	sich verstehen
sich besinnen	sich konzentrieren	vertrauen
sich beziehen	reagieren	verzichten
drängen	reflektieren	sich vorbereiten
eingehen	schimpfen	warten
sich einlassen	schwören	zählen
sich einstellen	sehen	zurückkommen
(sich) erhöhen	sinken	

101 | *auf* + Dativ

basieren	beruhen	insistieren
beharren	bestehen	

---

1 Bei *an* steht die Eigenschaft, die weniger wird:
  Das Gewürz hat durch das lange Lagern an Aroma verloren.
2 Juristischer Sprachgebrauch: *Das Gericht erkannte auf Freispruch.*

aus + Dativ		**102**
ausscheiden	folgen	resultieren
bestehen	folgern	sein
sich ergeben		übersetzen

bei + Dativ		**103**
ankommen (es)	bleiben	mitwirken
sich bedanken	sich entschuldigen	stören
sich beschweren	helfen	überraschen
sich bewerben		

für + Akkusativ		**104**
arbeiten	sich entscheiden	sein
sich aussprechen	sich entschuldigen	sorgen
sich bedanken	geradestehen	sprechen
danken	halten	stimmen
sich einsetzen	sich interessieren	werben
eintreten	kämpfen	

gegen + Akkusativ		**105**
sich aussprechen	polemisieren	sich sträuben
sich entscheiden	protestieren	verstoßen
handeln	sein	sich wehren
kämpfen	sprechen	sich wenden
sich kehren	stimmen	

in + Dativ		**106**
bestehen	sich täuschen	unterrichten
sich irren	sich üben	

107   *in* + Akkusativ

ausbrechen (Tränen)	übersetzen	sich verlieben
einwilligen	umwandeln	sich vertiefen[1]
sich fügen	sich verkleiden	verwandeln
teilen		

108   *mit* + Dativ

anfangen	experimentieren	sich tragen[1]
arbeiten	feilschen	umgehen
aufhören	handeln	sich unterhalten[1]
sich aussprechen[1]	kämpfen	sich verabreden
sich befassen	korrespondieren	sich verheiraten
beginnen	rechnen	sich verstehen[1]
sich begnügen	reden	verwechseln
sich beschäftigen	sich schlagen[1]	warten
diskutieren	spielen	wetten
enden	sprechen	zögern
	streiten	zusammenstoßen

109   *nach* + Dativ

aussehen	graben	sich sehnen
drängen	greifen	stinken
duften	hungern	streben
fahnden	sich richten	suchen
forschen	riechen	trachten
fragen	rufen	urteilen
	schmecken	verlangen

---

1 Die nicht-reflexive Variante dieses Verbs hat keine Präposition.

um + Akkusativ			**110**
sich ängstigen[1]	sich handeln (es)[1]	steigen	
sich bemühen[1]	kämpfen	(sich) steigern	
beneiden	sich kümmern[1]	(sich) streiten	
bitten	ringen	trauern	
sich drehen[1]	sich schlagen[1]	(sich) vermindern	
(sich) erhöhen	sinken	werben	
fallen	sich sorgen[2]	wetten	
feilschen	spielen	wissen	
gehen (es)			

über + Akkusativ			**111**
arbeiten	grübeln	reflektieren	
sich ärgern[3]	herfallen	sagen (nichts/etwas)	
sich aufregen[3]	herrschen	scherzen	
berichten	jammern	schimpfen	
Bescheid wissen	jubeln	schreiben	
sich beschweren	klagen	spotten	
debattieren	lachen	sprechen	
diskutieren	lesen	trauern	
sich entrüsten	meditieren	urteilen	
sich erregen	nachdenken	verfügen	
erschrecken	philosophieren	wachen	
erstaunen	reden	weinen	
sich freuen	referieren	sich wundern[4]	

unter + Dativ	**112**
leiden	

---

1 Die nicht-reflexive Variante dieses Verbs hat keine Präposition.
2 *sorgen* ohne Reflexivpronomen hat die Präposition *für*.
3 Die nicht-reflexive Variante dieses Verbs hat keine Präposition.
4 Die nicht-reflexive Variante dieses Verbs ist nur unpersönlich und hat keine Präposition:
   Das wundert mich.

113 | *von* + Dativ

abhängen	befreien	reden
abhalten	berichten	sagen (+nichts/etwas)
sich abheben	sich distanzieren	schreiben
abschreiben	halten (+nichts/etwas)	sein
absehen	handeln	sprechen
sich abwenden	leben	träumen
ausgehen	lesen	verstehen
ausruhen	loskommen	wissen

114 | *vor* + Dativ

sich ängstigen	fliehen	sich hüten
sich ekeln	flüchten	sich schämen
sich entsetzen	sich fürchten	sich scheuen
erschrecken	grauen (*es* + Dat$_{Pers}$)	schützen
		verstecken

115 | *zu* + Dativ

aufrufen	kommen	reden
beitragen	machen	sagen
dienen	meinen	sprechen
sich entschließen	neigen	taugen
führen	passen	übergehen
gehören	raten	verpflichten
gelangen	rechnen	werden
		zählen

116 | *zwischen* + Dativ

unterscheiden

Verben mit mehreren Präpositionen

Bei den folgenden Verben können mehrere Präpositionen gleichzeitig stehen:

(sich) erhöhen fallen sinken steigen steigern (sich) vermindern	*um – auf*

Ebenso bei weiteren Verben, die ein Größer- oder Kleinerwerden bezeichnen.
um: Differenzbetrag, *auf*: absoluter Betrag.

> Der Kurs des Schweizer Franken ist *um* 1,7% *auf* DM 113,27 gestiegen.

sich bewerben (um) sich bedanken (für) sich entschuldigen (für) sich beschweren (über)	*bei*

bei: Personen und Institutionen. *für / über / um*: die Sache, um die es geht.

> Er bewarb sich bei der Universität *um* die freie Stelle.

feilschen handeln kämpfen sich schlagen spielen sich streiten wetten	*mit – um*

mit: Person oder Institution; oft der Gegner oder Partner in einer Auseinandersetzung. *um*: eine Sache, die jeder von beiden gerne möchte.

> Er wettete *mit* seinem Freund *um* eine Kiste Sekt.

reden sprechen	*zu/mit – von/über*
sagen (etwas/nichts)	*zu – von/über*

von / über: das Thema. *mit / zu*: die angeredete Person.

Hat er *mit* dir *über* seine Pläne gesprochen?

118 Die folgenden Verben haben mehrere Präpositionen; diese können aber nicht zusammen stehen:

sich freuen	*an*	(etwas, das man vor den Augen hat)
	auf	(etwas, das in der Zukunft liegt)
	über	(Gegenwärtiges und Vergangenes)

sein	*aus*	(das Material, aus dem etwas ist)
	für	(positive Einstellung einer Sache gegenüber)
	gegen	(negative Einstellung einer Sache gegenüber)
	von	(Urheber, Autor, Komponist)

Die Vase ist *aus* Glas.
Niemand war *für* den Vorschlag.
Die „Ungarischen Tänze" sind *von* J. Brahms.

leiden	*an*	(Krankheit oder Krankheitssymptom)
	unter	(krankmachende Faktoren)

Der Chef leidet *an* Migräne.
Ulrich leidet *unter* seinem Chef.

119 Bei den folgenden Verben ändert sich mit der Präposition auch die Bedeutung:

riechen	*an*	(das kann nur jemand, der eine Nase hat)
	nach	(einen Geruch produzieren)

Ich rieche gern *an* gelben Rosen.
Hier riecht es *nach* Fisch.

warten	*auf*	(etwas/jemanden erwarten)
	mit	(mit einer Sache noch nicht anfangen)

Klaus wartet *auf* den Bus.
Wir warten noch etwas *mit* dem Essen.

be-stehen	{	*auf*	(beharren, insistieren auf)
		aus	(die Teile, aus denen sich ein Ganzes zusammensetzt)
		in	(der Inhalt, das Wesen einer Sache)

Ich bestehe *auf* einer Erklärung.

Wasser besteht *aus* Wasserstoff und Sauerstoff.

Meine Aufgabe besteht *in* der Erklärung grammatischer Strukturen.

halten	{	*für*	(jemanden/etwas qualifizieren)
		von	(eine gute/schlechte Meinung von jemandem/etwas haben; immer zusammen mit *viel/nichts* etc.)

Klaus hält Franz *für* einen Dummkopf.

Ich halte nichts *von* seiner Meinung.

Das Korrelat *da(r)-* + Präposition   120

Bei relativ vielen Verben mit Präpositionalobjekt kann statt dieses Präpositionalobjekts (Substantiv oder Pronomen) auch ein Nebensatz stehen:

Ich warte *auf meine Schwester.* (Substantiv)

Ich warte auf sie. (Pronomen)

Ich warte darauf, daß sie kommt.

Vor dem Nebensatz steht jedoch keine Präposition, sondern sehr oft ein Korrelat – das ist die Form *da(r)-* + Präposition; in dem Beispiel oben ist es das Wort *darauf.* Wenn die Präposition mit Konsonant beginnt, so lautet das Korrelat *da-* + Präposition, sonst *dar-* + Präposition:

dabei	daran
dafür	darauf
dagegen	daraus
damit	darin
danach	darum
davon	darüber
davor	darunter
dazu	
dazwischen	

121 Bei der Mehrzahl dieser Verben ist das Korrelat obligatorisch, d. h. man kann es nicht weglassen:

> Meine Aufgabe besteht *darin,* ihm den Gebrauch des Korrelates zu erklären.

Man lernt deshalb am besten diejenigen Verben, bei denen das Korrelat fakultativ ist, d. h. weggelassen werden kann:

> Er hat mich *darum* gebeten, ihm zu helfen.
> Er hat mich gebeten, ihm zu helfen.

anfangen mit[1]	sich entscheiden für	hindern an
aufpassen auf	sich entschließen zu	hoffen auf
sich beeilen mit	erfahren von	hören von
beginnen mit[1]	sich erinnern an	informieren über
sich bemühen um	erzählen von	lesen über/von
berichten über/von	fragen nach	nachdenken über
bitten um	sich freuen auf/an/über	raten zu
danken für	sich fürchten vor	überreden zu
drängen zu	glauben an	sich überzeugen von
einladen zu	helfen bei	sich wundern über
		zweifeln an

122 Verben mit festem Objektkasus

Verben mit Akkusativ

Der Akkusativ ist der häufigste Objektkasus. Verben mit Akkusativ sind so zahlreich, daß in der folgenden Liste nur eine kleine Auswahl stehen kann.

> Die Deutschen trinken am liebsten *Bier und Kaffee.*
> Du hast *meine Frage* noch nicht beantwortet.

abgrenzen	beantworten	bedienen
achten	beauftragen	begreifen
bauen	bedenken	begrüßen
beantragen	bedeuten	behalten

---

[1] Bei *anfangen* und *beginnen* ist das Korrelat jedoch dann obligatorisch, wenn das Subjekt unpersönlich ist: *Die Sitzung fing damit an, daß das Protokoll verlesen wurde.*

behandeln	erhalten	loben
behaupten	erziehen	retten
bekommen	essen	schlagen
benachrichtigen	fassen	sehen
beneiden	fühlen	treffen
benutzen	haben	trinken
beraten	hassen	unterstützen
bewundern	heben	verstecken
drehen	hören	verteidigen
ehren	lesen	wahrnehmen
enthalten	lieben	zählen

Verben mit der Vorsilbe *be-* (vgl. die Liste) haben übrigens sehr oft den Akkusativ.
Oft steht der Akkusativ nicht allein, sondern zusammen mit dem Dativ (▷ § 123) oder mit einer Präposition:

aufrufen (zu)	erinnern (an)	unterstützen (bei)
beneiden (um)	retten (aus)	verstecken (vor)

Verben mit Dativ und Akkusativ   123

Kannst du *mir dein Fahrrad* leihen?
Er hat *mir seine wahren Absichten* verheimlicht.

Verben mit diesen beiden Kasus sind ebenfalls recht zahlreich. Es sind im wesentlichen die Verben des Gebens und Nehmens sowie die Verben des Sagens und Verschweigens. Im Dativ steht bei diesen Verben die Person, der etwas gesagt, gegeben, genommen oder verschwiegen wird.

abnehmen	bieten	geben
anbieten	borgen	gestatten
antun	bringen	gestehen
anvertrauen	empfehlen	glauben
aufdrängen	entnehmen	gönnen
befehlen	entziehen	leihen
berichten	erlauben	liefern
beweisen	erwidern	melden
bewilligen	erzählen	mitteilen
		nahelegen

nehmen	senden	versprechen
opfern	spenden	verweigern
raten	übergeben	verzeihen
reichen	untersagen	vortragen
sagen	verbieten	wegnehmen
schenken	vergeben	widmen
schicken	verheimlichen	zeigen
schreiben	verschaffen	zumuten
schulden	verschweigen	zutrauen

124 Verben mit Dativ

Du fehlst *mir* sehr.
Ich gratuliere *dir*.
Das Haus da drüben gehört *meiner Kollegin*.

ähneln	fehlen	nachlaufen
sich angleichen	folgen	sich nähern
applaudieren	gefallen	nützen
auffallen	gehorchen	passen
ausweichen	gehören	schaden
begegnen[1]	gelingen	schmecken
bevorstehen	genügen	schmeicheln
danken	gleichen	schwinden (unpers.)
dienen	glücken	vertrauen
drohen	gratulieren	widersprechen
einfallen	helfen	zuhören
entfallen	kondolieren	zukommen
entfliehen	mißlingen	zustehen
entsprechen	mißtrauen	zustimmen

---

1 Verwechseln Sie nicht: *begegnen* + Dat. (Perfekt mit *sein*) und *treffen* + Akk. (Perfekt mit *haben*).

Verben mit Genitiv   125

Der Genitiv bei Verben wird im Gegensatz zum Genitiv bei Substantiven, dem sogenannten attributiven Genitiv, in der deutschen Gegenwartssprache selten gebraucht. Entweder werden die entsprechenden Verben wenig verwendet, oder sie haben zunehmend einen Präpositionalkasus statt des Genitivs. Bei den folgenden Verben aus der Sprache der Rechtsprechung wird der Genitiv jedoch immer verwendet:

anklagen	bezichtigen	verdächtigen
beschuldigen	überführen	

Alle diese Verben werden mit dem Akkusativ der Person gebraucht:

Man beschuldigte *ihn des Betrugs*.

Außerdem haben einen Genitiv:

sich annehmen	sich bemächtigen	gedenken
sich bedienen	sich erbarmen	sich vergewissern
bedürfen	sich erinnern	(sich) versichern

Es bedarf *deiner Hilfe*.

Außerdem kommt der Genitiv bei Verben in einigen idiomatischen Wendungen vor:

sich seiner Haut wehren
sich der Stimme enthalten
jeder Beschreibung spotten
seines Amtes walten
jeder Grundlage entbehren
jemanden des/seines Amtes entheben
der Dinge harren, die da kommen (harren = warten)
Hungers / eines (keines) natürlichen Todes sterben
jemanden eines Besseren belehren

126 Verben mit Nebensatz

Verben mit Inf$_{zu}$

Bei diesen Verben sind zwei Gruppen zu unterscheiden:

(a) Bei den Verben der folgenden Liste ist das Subjekt des Hauptsatzverbs zugleich das Agens ($\triangleright$ § 90) des Infinitivs:

> Ich zögere, den Brief zu schreiben. (Ich bin es, der zögert, und der, der den Brief schreibt.)

Nach den Verben der Liste – mit Ausnahme von *anfangen* und *beginnen*[1] – können Infinitivkonstruktionen mit *zu* stehen, aber keine *daß*-Sätze.

> Es gilt, die Sache realistisch zu sehen.
> Er weigert sich, mir zuzuhören.
> Das Schiff drohte unterzugehen.
> Ich kann nicht umhin, ihr zuzustimmen.
> Er scheint sich hier gut auszukennen.
> Der Mann verstand/wußte zu leben.

anfangen	gut/klug/recht daran tun	nicht umhin können
aufhören	pflegen[3]	verstehen[4]
beabsichtigen	scheinen	vorhaben
beginnen	sich trauen	wagen
drohen	sich überwinden	sich weigern
gedenken[2]		wissen[4]
es gilt		zögern

127 (b) Bei den Verben dieser Liste sind der Dat$_{Pers}$ bzw. der Akk$_{Pers}$ das Agens ($\triangleright$ § 90) des Infinitivs:

> Der Arzt verbietet dem Patienten, Zigaretten zu rauchen.
> ↑   ↑
>
> (der Patient raucht)

---

1 Bei diesen Verben ist auch ein *daß*-Satz möglich:
  Die Geschichte begann (fing) damit (an), daß es zwischen uns ein Mißverständnis gab.
2 In der Bedeutung: *etwas beabsichtigen, vorhaben.*
3 In der Bedeutung: *aus Gewohnheit etwas tun.*
4 Natürlich kann man *wissen* und *verstehen* auch mit *daß*-Satz verwenden. Hier aber haben beide Verben eine besondere Bedeutung: *Aus praktischer Erfahrung etwas Bestimmtes können.*

Eberhard bat mich, ihm mein Auto zu leihen.

(ich bin es, der ihm das Auto leiht)

anbieten (Dat.)	bitten (Akk.)	nahelegen (Dat.)
auffordern (Akk.)	empfehlen (Dat.)	raten (Dat.)
aufrufen (Akk.)	erlauben (Dat.)	untersagen (Dat.)
befehlen (Dat.)	gestatten (Dat.)	verbieten (Dat.)
		verpflichten (Akk.)

Das Agens des Infinitivs erscheint im Hauptsatz als Dativ bzw. Akkusativ.
Die Klammerzusätze zeigen dies an.

Verben, nach denen *ob*-Sätze stehen können 128

Maria sieht nach, *ob* Paul schon da ist.
Ich schwanke, *ob* ich hierbleiben oder abreisen soll.
Wir müssen genau überlegen, *ob* wir uns die Sache leisten können.

anfragen	horchen	probieren
beraten	sich informieren	prüfen
beurteilen	kosten[1]	schwanken
dahinstehen	lauschen	überlegen
sich erkundigen	messen	überprüfen
erproben	nachdenken	unterscheiden
fragen	nachforschen	untersuchen
grübeln	nachrechnen	versuchen[2]
gucken	nachsehen	sich den Kopf zerbrechen

im ungewissen	
im unklaren	} sein/bleiben/lassen
im Zweifel sein	
etwas dahingestellt sein lassen	

---

1 In der Bedeutung: *den Geschmack testen.*
2 *versuchen* auch mit Inf$_{zu}$: *Paul versucht, die Flasche zu öffnen.*

71

129 Verben, nach denen *daß*-Sätze stehen können

Die folgenden Verben haben oft ein Akkusativobjekt oder ein präpositionales
Objekt. Sie können statt dessen aber auch einen *daß*-Satz haben. Die Zahl
dieser Verben ist relativ groß. In der folgenden Liste erscheint deshalb nur eine
Auswahl. Bei den Verben, die mit der Ziffer 1 gekennzeichnet sind, ist statt
des *daß*-Satzes auch ein Inf_{zu} möglich, und zwar dann, wenn Haupt- und
Nebensatz das gleiche Subjekt haben:

> Ich erinnere mich nicht, daß ich ihn jemals gesehen habe.
> Ich erinnere mich nicht, ihn jemals gesehen zu haben.

Die Verben, die mit der Ziffer 2 gekennzeichnet sind, haben ein obligatorisches *da(r)*-Korrelat (▷ § 120):

> Er besteht *darauf*, daß man ihm die Wahrheit sagt.
> Wir rechnen *damit*, daß wir die neuen Räume im Juni beziehen können.

annehmen	bewundern	fordern[1]
anschließen	bezweifeln	fühlen
antworten	bitten[1]	führen zu[2]
argumentieren	denken[1]	fürchten[1]
ausgehen von[2]	dringen auf[1,2]	glauben[1]
beantragen[1]	drohen[1]	hoffen[1]
befürchten[1]	sich einbilden[1]	protestieren[2]
behaupten[1]	sich einsetzen für[2]	rechnen mit[1,2]
sich beschweren über	einwenden	versichern[1]
bestehen auf[1,2]	sich erinnern an[1]	versprechen[1]
bestehen in[2]	erkennen[1]	verzichten auf[1,2]
bestreiten[1]	erklären[1]	vorwerfen
beteuern[1]	erwarten[1]	sich wundern
bewirken	feststellen	zusagen
	finden	

130 Verben, nach denen *daß*- oder *ob*-Sätze stehen können

Die Verben der folgenden Liste werden meist mit *daß*-Satz verwendet. Unter
bestimmten Voraussetzungen können sie aber auch einen *ob*-Satz haben, nämlich dann, wenn der Inhalt ihres Nebensatzes offen in bezug auf Bejahung oder
Verneinung ist.

Ich weiß, daß Peter da ist. (Das heißt: Peter ist da.)
Weißt du, ob Peter da ist? (Peter ist da oder er ist nicht da, für den Sprecher ist dieses Problem offen.)

Der Inhalt eines Nebensatzes ist also offen, wenn der Hauptsatz
– ein Fragesatz ist (vgl. das zweite Beispiel oben),
– verneint ist,   Ich weiß nicht, ob Peter da ist.
– im Imperativ steht,   Erzähl mal, ob du ihn gesehen hast.
– im Futur steht.   Morgen wird er uns sagen, ob er die Prüfung bestanden hat.

Wenn der Sprecher aber etwas weiß und nur wissen möchte, ob der Angesprochene das auch weiß, dann kann auf einen Fragesatz auch ein *daß*-Satz folgen:

Weißt du, daß Peter da ist?

absehen[1]	berichten	lernen
abschätzen	sich besinnen auf	lesen
antworten	dahinterkommen	melden
aufschreiben	erfahren	merken
beachten	sich erinnern an	mitteilen
begreifen	erkennen	sagen
behalten	erwähnen	schreiben
bekanntgeben	erzählen	sehen
bemerken	fühlen	verstehen
beobachten	hören	wissen

Verben mit *als* und *wie* 131

als und *wie* sind keine Präpositionen, d. h. sie haben keinen bestimmten Kasus. Sie werden bei Verben mit Nominativ oder Akkusativ verwendet, je nachdem, ob sie sich auf das Subjekt oder das Akkusativobjekt beziehen:

als + Nomin.:   Er gilt als ein Fachmann.

wie + Nomin.:   Er verhält sich wie ein Freund.

als/wie bezieht sich auf das Subjekt.

als + Akk.:   Man bezeichnet ihn als einen Fachmann.

wie + Akk.:   Er behandelt mich wie einen Freund.

als/wie bezieht sich auf das Akkusativobjekt.

---

1 Auch: *sich absehen lassen, absehbar sein.*

als + Nomin.	als + Akk.	als + Adj.
sich fühlen	auffassen	bezeichnen
gelten	sich ausgeben	empfinden
sich versuchen	bezeichnen	gelten
zählen[1]	empfinden	
	gebrauchen	
	zählen[1]	

wie + Nomin.	wie + Akk.
sich benehmen	behandeln
sich verhalten	
vorkommen + Dativ (es)[2]	

(*als* und *wie* in Nominalergänzungen ▷ § 317.)

132   Feste Verbindungen mit den Verben *haben*, *machen* und *tun*

Feste Verbindungen nennen wir hier die Verbindung aus einem Verb *(haben, machen, tun)* und einem Substantiv oder Adjektiv. Wichtig ist, daß die Teile einer solchen Verbindung meist nicht ausgetauscht werden können. So kann man in den folgenden Beispielen für *haben* nicht *besitzen* sagen, und für *machen* meist nicht *tun* und umgekehrt. Wichtig ist auch, daß eine größere Anzahl der Substantive keinen Artikel hat.
Man lernt am besten die beiden Teile einer festen Verbindung wie eine Vokabel.

133   *haben*

(1) mit Adjektiv

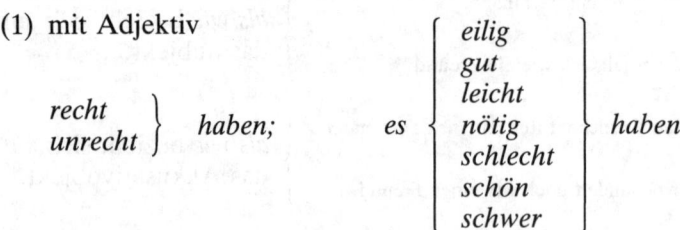

1 Vgl.: *Die Sache zählt als ein Erfolg. – Ich zähle diese Sache als einen Erfolg.*
2 Z.B.: *Es kommt mir wie ein Wunder vor, daß...*

74

(2) mit Substantiv

(a) ohne Artikel

Angst (vor)	Fieber	Schmerzen (nur Plural)
Chancen (nur Plural)	Hunger	Sorge (daß)
Durst	Kummer	Sorgen (nur Plural)
Geduld (mit)	Lust (auf, zu)	Zeit (für, Inf$_{zu}$)
Geld	Mut	Zweifel (Plural) (an, daß)
Glück	Pech	

(b) mit Artikel

ein Anliegen	die Pflicht (zu, Inf$_{zu}$)
die Chance (auf, zu)	das Recht (zu, Inf$_{zu}$)
die Erlaubnis (zu, Inf$_{zu}$)	(die) Schuld (an)
die/eine Idee (Inf$_{zu}$, daß)	den Vorteil (daß)
die Hoffnung (auf, Inf$_{zu}$, daß)	den Wunsch (nach, Inf$_{zu}$, daß)
den Nachteil (daß)	

machen   134

(1) mit Adjektiv

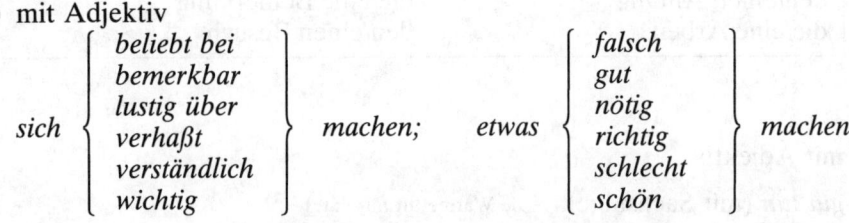

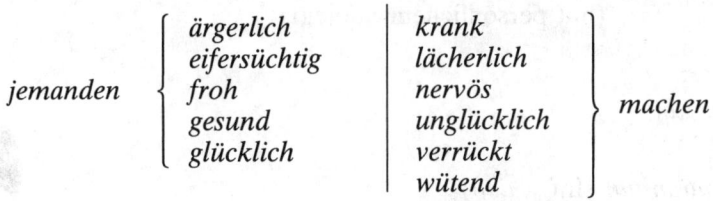

(2) mit Substantiv

(a) ohne Artikel

Arbeit	Lärm	Musik
Freude	Mühe	Spaß
Krach		

$$\textit{sich} \left\{ \begin{array}{l} \textit{Gedanken über} \\ \textit{Mühe} \\ \textit{Sorgen über} \end{array} \right\} \textit{machen; jemandem} \left\{ \begin{array}{l} \textit{Angst} \\ \textit{Arbeit} \\ \textit{Ärger} \\ \textit{Freude} \\ \textit{Hoffnung} \\ \textit{Kummer} \\ \textit{Mut} \\ \textit{Platz} \\ \textit{Sorgen} \\ \textit{Schwierig-} \\ \quad \textit{keiten} \end{array} \right\} \textit{machen}$$

(b) mit Artikel

den/einen Anfang	die/eine Bemerkung
die/eine Arbeit	den/einen Besuch

135 *tun*

(1) mit Adjektiv

gut tun (mit Sachsubjekt: Die Wärme tut mir gut.)

$\left. \begin{array}{l} \textit{freundlich} \\ \textit{geheimnisvoll} \\ \textit{überrascht} \\ \textit{vornehm} \end{array} \right\}$ (mit persönlichem Subjekt)

sich schwer tun

$\left. \begin{array}{l} \textit{gut} \\ \textit{klug} \\ \textit{recht} \end{array} \right\}$ *daran tun* (Inf$_{zu}$, *daß*)

(2) mit Substantiv

(a) mit Artikel/Possessivpronomen

seine Arbeit	das Richtige	ein Wunder
sein Bestes	das Falsche	
seine Pflicht		

(b) ohne Artikel

Dienst, Gutes, Unrecht

Beachten Sie den Unterschied zwischen *machen* und *tun* an folgenden Beispielen:

Die Wärme *tut* mir gut.

Das hast du gut *gemacht!*[1]

Du *tust* gut daran, dich vorher zu informieren.

Funktionsverb-Gefüge (FV-Gefüge) 136

(a) Der Vorschlag *fand Zustimmung.*
(b) Nach einer Stunde *kam* die Diskussion endlich *in Gang.*

Auf den ersten Blick unterscheiden sich diese beiden Sätze überhaupt nicht von anderen Sätzen. In (a) sieht *Zustimmung* aus wie eine Akkusativergänzung zu *finden,* und *in Gang* (b) könnte man für eine Richtungsergänzung zu *kommen* halten. Die beiden Verben haben aber eine Besonderheit: Ihre Bedeutung ist nicht die räumlich-konkrete Bedeutung, die Sie kennen. In (a) findet niemand etwas, was er oder andere verloren haben, und in (b) bezeichnet *kommen* keine Bewegung im Raum. Eigentlich haben beide Verben in diesen Sätzen hauptsächlich eine grammatische Funktion: Sie tragen die Personen- und Tempusendung. Träger der „Bedeutung" sind die zugehörigen Substantive *Zustimmung* und *Gang.* Ähnliches kennen Sie bei den zusammengesetzten Verbformen Passiv und Perfekt, wo das Part. II hauptsächlicher Bedeutungsträger des Verbkomplexes ist:

---

1 Es gibt *schlecht machen,* aber nicht **schlecht tun.*

Fritz	*wird*	*geprüft.*
Ich	*bin*	*angekommen.*
	↑	↑
	grammatische	Bedeutung
	Funktion (Person,	
	Tempus etc.)	

Trotzdem ist in den beiden obigen Beispielen (a) und (b) das Verb nicht völlig ohne Bedeutung: Zusammen mit *finden* hat *Zustimmung* eine passivische Bedeutung, und *kommen* zeigt an, daß es sich bei *in Gang* um eine beginnende Aktion handelt.

> Die Diskussion kommt in Gang: Man fängt an zu diskutieren.[1]

Die Verbindung eines Verbs mit einem Substantiv so wie in den Beispielen (a) und (b) nennt man Funktionsverb-Gefüge, weil das Verb hier fast nur noch grammatische Funktionen hat. Dieses Wort kürzen wir so ab: FV-Gefüge.

137 Sehen Sie sich noch einmal die beiden Beispiele am Anfang an: Vor *Gang* steht eine Präposition *(in)*, dagegen hat *Zustimmung* keine Präposition. Man unterscheidet also:

akkusativische FV-Gefüge: Verb + (Art.) + Subst$_{Akk}$
und
präpositionale FV-Gefüge: Verb + Präp. + (Art.) + Subst$_{Dat/Akk}$

Man nennt das Verb Funktionsverb, weil sich seine Bedeutung oft auf die grammatische Funktion beschränkt. Bedeutungtragend ist das Substantiv. Der Kürze wegen sprechen wir aber von Verb und Substantiv. (Art.) bedeutet: Der Artikel erscheint nicht in allen FV-Gefügen (Beispiele unten).

138 FV-Gefüge haben noch folgende Besonderheiten:

– Das Substantiv kann normalerweise nicht durch ein Pronomen ersetzt werden. Für

> Der Vorschlag fand Zustimmung.
> Nach einer Stunde kam die Diskussion in Gang.

kann man also nicht sagen:

> *Der Vorschlag fand *sie*.
> *Nach einer Stunde kam die Diskussion *dahin*.

---

1 Man kann sagen: *Wir diskutierten zwei Stunden lang.* Aber nicht: *Die Diskussion kam zwei Stunden lang in Gang.*

– Das Substantiv kann man normalerweise auch nicht durch ein Fragepronomen erfragen. Nicht möglich sind also:

> *Was fand der Vorschlag?
> *Wohin kam die Diskussion?

– In vielen FV-Gefügen kann das Substantiv kein attributives Adjektiv (▷ § 222) haben. In diesem Punkt unterscheiden sich auch die Beispiele (a) und (b). Man kann also nicht sagen:

> *Die Diskussion kam in einen *schnellen* Gang.

Dagegen ist möglich:

> Der Vorschlag fand *lebhafte* Zustimmung.

– Das Verb und das Substantiv bilden zusammen die Satzklammer (▷ § 308) so wie im Passiv oder im Perfekt. Vergleichen Sie:

> Fritz   wird   von seinem Professor   geprüft.
> Endlich   kam   die Diskussion   in Gang.

Zu einer großen Zahl von FV-Gefügen gibt es einfache Verben, z. B. *anerkennen* zu *Anerkennung finden* und *gehen* zu *in Gang kommen*. Die FV-Gefüge haben aber meistens nicht die gleiche Bedeutung wie das einfache Verb. Vergleichen Sie: **139**

> Fritz *geht* in den Wald.
> Die Diskussion *kommt in Gang*.

Bei *gehen* ist das Subjekt meist konkret oder belebt, bei *in Gang kommen* immer abstrakt. Man sagt also nicht:

> *Fritz / Die Uhr kommt in Gang.
> *Die Diskussion geht.

Ein weiterer Unterschied: *gehen* ist eine dauernde Handlung, *in Gang kommen* ist der Beginn einer Handlung.[1]

Eine Reihe intransitiver Grundverben bekommt durch ein FV-Gefüge eine transitive Variante:

> Der Wagen *schleuderte*. (intransitiv)
> Das Glatteis *brachte* den Wagen *ins Schleudern*. (transitiv)

(Ein transitives Verb zieht ein Akkusativobjekt nach sich, ein intransitives Verb kann das nicht.)

---

1 Ein anderes Beispiel: *fällen* kann man ein Urteil oder einen Baum, *zu Fall bringen* kann man einen Plan oder ein Gesetz.

140 Präpositionale FV-Gefüge

(a) FV-Gefüge mit den Verben *kommen* und *bringen* sowie mit den Präpositionen *in* und *zu*

Die FV-Gefüge mit *kommen* haben kein Akkusativobjekt, die mit *bringen* haben immer eins, sie können also auch ein Passiv (mit *werden*) bilden (▷ § 85). Eine Variante zu *kommen* ist das Verb *geraten*. Statt *ins Schleudern kommen* kann man auch sagen: *ins Schleudern geraten. geraten* hebt die Unfreiwilligkeit und oft auch die Unerwünschtheit eines Vorganges hervor. Alle drei Verben bezeichnen die Anfangsphase eines Vorganges. (Vergleichen Sie das Beispiel: Die Diskussion kommt in Gang.)

In den folgenden Tabellen bedeuten die Zeichen folgendes:
   + Die Kombination von Substantiv und Verb kommt vor.
   − Die Kombination von Substantiv und Verb kommt nicht vor.
   (+) Die Kombination von Substantiv und Verb kommt selten vor.

141 Präposition *in*

	kommen	geraten	bringen
in Berührung	+	−	+
in Betracht	+	−	−
in Bewegung	+	(+)	+
in den Blick	+	(+)	−
in Einklang	+	−	+
in Erfahrung	−	−	+
in Erinnerung	+	−	+
in Fluß	+	(+)	+
in Frage	+	−	−
in Gang	(+)	−	+
in Gefahr	+	+	+
in Konflikt	+	+	+
in Ordnung	+	−	+
ins Schleudern	+	+	+

(Diese Tabelle wird auf S. 81 fortgesetzt.)

	kommen	geraten	bringen
in Schwierigkeiten	+	+	+
in Schwung	+	−	+
in Übereinstimmung	+	−	+
in Unordnung	+	+	+
in Verbindung	+	−	+
in Verlegenheit	+	+	+
in Verruf	+	+	+
in Verzug	+	+	+
ins Wanken	+	+	+
in Wut	+	+	+

Man sieht in dieser Übersicht folgendes:
– Die Substantive dieser Liste haben meist keinen Artikel, außer bei den substantivierten Infinitiven *(Wanken, Schleudern)* und bei *Blick*.
– Die Substantive dieser Liste sind meistens, aber nicht immer von einem Verb abgeleitet (Ausnahmen sind *Schwierigkeiten, Verlegenheit, Wut*).

Präposition *zu*   **142**

	kommen	bringen
zum Abschluß	+	+
zur Anwendung	+	+
zur Aufführung	+	+
zum Ausdruck	+	+
zur Darstellung	+	+
zur Deckung	+	+
zu Ende	−	+
zur Entfaltung	+	+
zur Entscheidung	+	+
zu dem Ergebnis, daß ...	+	(+)
zu der Erkenntnis, daß ...	+	+
zum Erliegen	+	+
zu Fall	+	+
zur Geltung	+	+
zum Halten	+	+
(Diese Tabelle wird auf S. 82 fortgesetzt.)		

	kommen	bringen
zur Kenntnis	+	+
zur Ruhe	+	+
zur Sprache	+	+
zum Stehen	+	+
zum Stillstand	+	+
zu der Überzeugung, daß …	+	+
zur Vernunft	+	+
zum Vorschein	+	+

Diese Liste zeigt:

– FV-Gefüge mit *zu* haben meist einen Artikel, und zwar den Kontraktionsartikel (▷ § 213) *zur* oder *zum*. Ausnahmen sind *Fall* und *Ende*. In drei Fällen (*Ergebnis, Erkenntnis, Überzeugung*) folgt ein *daß*-Satz, hier muß der bestimmte Artikel stehen, und diese Substantive können auch ein attributives Adjektiv haben.

– Auch hier sind die Substantive meist von einem Verb abgeleitet (Ausnahme: *Vorschein*).

Für beide Listen gilt: Wenn man einen Satz mit einem dieser FV-Gefüge verneinen will, verwendet man *nicht*:

Dieses Problem kam nicht zur Sprache.

Falsch wäre:

*Dieses Problem kam zu keiner Sprache.

143 (b) FV-Gefüge mit den Verben *stehen* und *stellen* und der Präposition *zu*

Beide Verben sind *kommen* und *bringen* vergleichbar: Die FV-Gefüge mit *stehen* sind intransitiv, und die mit *stellen* sind transitiv. Die *stehen-stellen*-Gruppe ist aber nicht so umfangreich wie die *kommen-bringen*-Gruppe.

	stehen	stellen
zur[1] Debatte	+	+
zur Diskussion	+	+
zur Entscheidung	+	+
zur Verfügung	+	+
zur Wahl	+	+

---

1 Die Präposition *in* kommt vor bei: *in Aussicht stellen, in Frage stehen/stellen, in Rechnung stellen.*

(c) FV-Gefüge mit dem Verb *nehmen* und der Präposition *in*   **144**

in Angriff	in Kauf
in Anspruch	in Obhut
in Betrieb	in Schutz
in Empfang	in Verwahrung

Auch bei den FV-Gefügen mit *stehen, stellen* und *nehmen* ist die Verneinung immer *nicht*:

> Dieses Problem steht nicht zur Debatte.

Akkusativische FV-Gefüge   **145**

Ein Beispiel für diese Gruppe haben wir am Anfang dieses Abschnittes kennengelernt: *Zustimmung finden.* Andere FV-Gefüge mit *finden*:

Absatz	Beifall	Unterstützung
Anerkennung	Berücksichtigung	Verbreitung
Anklang	Bestätigung	Verständnis
Anwendung	Billigung	Verwendung
Aufnahme	ein Ende	Widerhall
Ausdruck	Interesse	Zustimmung
Beachtung	Lob	

Die FV-Gefüge mit *finden* haben meist passivische Bedeutung.[1] Sie werden mit *kein* verneint:

> Dieser Einwand fand *keine* Beachtung. (Das heißt: Er wurde nicht beachtet.)

In den meisten Fällen können die Substantive auch ein attributives Adjektiv haben:

> Seine Schriften fanden *große* Verbreitung.

---

1 Aktivisch sind: *Gefallen/Geschmack finden an* + Dat.

146 FV-Gefüge mit *nehmen*

Abschied von	eine + Adj. + Entwicklung[1]
Abstand von	seinen Fortgang
seinen Anfang	Kenntnis von
Anlauf / einen Anlauf	Maß
Anstoß an + Dat.	Notiz von
Anteil an + Dat.	Platz
einen Aufschwung	Rache an jemandem
seinen Ausgang von	Rücksicht auf + Akk.
Einblick in + Akk.	Stellung zu
Einfluß auf + Akk.	einen + Adj. + Verlauf[1]
Einsicht in + Akk.	eine + Adj. + Wendung[1]

147 Wann benutzt man FV-Gefüge?

Man benutzt sie hauptsächlich in der geschriebenen Sprache, besonders der Sprache der Verwaltung, der Presse und in wissenschaftlichen Texten. Einige FV-Gefüge sind aber auch in der gesprochenen Sprache häufig zu hören:

Abschied/Anlauf/Maß/Platz/Rache nehmen,

in Frage/Gang kommen,

in Ordnung/Verlegenheit bringen,

zur Debatte/Verfügung stehen/stellen,

in Anspruch/Empfang/Kauf nehmen

---

1 In diesen Fällen muß ein attributives Adjektiv stehen, z. B.: *Die ganze Angelegenheit nahm eine sehr merkwürdige Entwicklung / eine interessante Wendung / einen unerwarteten Verlauf.*
Möglich ist auch ein Relativsatz: *. . . einen Verlauf, den man nicht erwartet hatte.*

Substantiv

Genus[1]

Jedes Substantiv im Deutschen gehört in eine der folgenden drei Klassen: **maskulin, feminin** oder **neutral,** je nachdem, ob es den Singularartikel *der, die* oder *das* hat. Diese Zugehörigkeit eines Substantivs in eine dieser drei Klassen nennt man das **Genus des Substantivs.** Nach dem Genus richten sich das attributive Adjektiv (▷ §§ 222 ff.)

> ein altes Haus

aber auch bestimmte Pronomina:

> Es war einmal *ein König. Der* hatte drei *Töchter. Die* waren alle sehr hübsch.

Zu den größten Schwierigkeiten, die man als Ausländer mit der deutschen Sprache hat, gehört die Frage, ob es *der, die* oder *das* heißen muß, ob also ein Substantiv maskulin, feminin oder neutral ist. Man lernt deshalb normalerweise mit einem Substantiv zugleich seinen Artikel. Dennoch gibt es einige **Regeln für das Genus**:

Monatsnamen, Wochentage, Jahres- und Tageszeiten, Himmelsrichtungen und viele Naturereignisse sind meist maskulin.

der Januar	Herbst	Norden	Wind	Blitz
Mai	Winter	Osten	Regen	Nebel
August	Morgen	Süden	Hagel	Orkan
Dezember	Mittag	Westen	Schnee	Taifun
Frühling	Abend	Föhn	Reif	Frost
Sommer	Nachmittag	Sturm	Donner	Tag

Aber: *die Nacht.*

---

1 *Genus* bedeutet ‚Geschlecht'; sein Plural lautet *die Genera.*

150 Bezeichnungen für Mineralien und Gesteine (im weiten Sinn) sind meistens maskulin.

der Diamant	Kies	Schlamm	Stein
Fels	Lehm	Smaragd	Strand
Kalk	Rubin	Staub	Ton
	Sand		

151 Bezeichnungen für Menschen, Berufe und soziale Ränge (ohne Bezug auf das natürliche Geschlecht) sind maskulin.

der Abt	Chef	Greis	Lord
Arzt	Clown	Held	Prinz
Boß	Fürst	Koch	Tramp

152 Bezeichnungen für die Grundzahlen sind feminin.

die Eins, die Acht, die Zwölf

153 Bezeichnungen für Wortarten sind oft neutral.

das Adjektiv	Pronomen	Verb
Adverb	Substantiv	

Aber: *der Artikel, die Präposition.*

154 Bezeichnungen für physikalische und theoretische Einheiten sind oft neutral.

das Bar	Kilo	Pfund	Volt
Gramm	Ohm	Phon	Watt

Aber: *die Tonne, der Zentner.*
Bei *Meter* und *Liter* heißt es *der* oder *das.*

Bezeichnungen für chemische Elemente und Metalle sind meist neutral.   **155**

das Blech	Gold	Metall	Silber
Blei	Jod	Salz	Zink
Eisen	Kupfer		

Aber: *der Stahl.*

Bezeichnungen für Sprachen sind neutral.   **156**

   das Deutsche, das Englische, das Norwegische

Verbsubstantivierungen ohne Endung sind meist maskulin.   **157**

der Anfang	Beweis	Flug	Haß	Sprung
Anruf	Blick	Gang	Hinweis	Streit
Ärger	Bruch	Genuß	Kuß	Tritt
Auftrag	Dank	Gesang	Ruf	Verlust
Bedarf	Druck	Gewinn	Schlag	Wurf
Beginn	Empfang	Griff	Schnitt	Zug
Besuch	Fall	Gruß	Schritt	

Aber: *das Verbot, das Angebot, das Lob;*
      die Antwort, die Abwehr, die Umkehr, die Trauer.

Substantive mit einer der folgenden Endungen sind feminin.   **158**

die -áde (Fassade)	-íne (Kabine)
-áge (Garage)	-ión (Information)
-ánz (Toleranz)	-ísse (Kulisse)
-éi (Partei)	-íve (Alternative)
-énz (Existenz)	-keit (Schnelligkeit)
-étte (Tablette)	-schaft (Wissenschaft)
-heit (Schönheit)	-sis (Basis)
-íe (Kopie)	-tät (Universität)
-ie (Familie)	-ung (Umleitung)
-ík (Musik)	-úr (Kultur)
-in (Freundin)	-úre (Lektüre)

Aber: *das Geníe, das Abitúr.*

159 Substantive auf -*tum* sind meist neutral.

  das Altertum, das Fürstentum, das Bistum

Aber: *der Reichtum, der Irrtum.*

160 Substantive auf -*nis* sind oft neutral, einige sind feminin.
Neutral sind:

das Bedürfnis	Erlebnis	Geheimnis
Begräbnis	Erzeugnis	Verständnis
Bündnis	Gedächtnis	Verzeichnis
Ereignis	Gefängnis	Zeugnis
Ergebnis		

Feminin sind:

die Erkenntnis	Finsternis	Wildnis
Erlaubnis	Kenntnis	

161 Verbsubstantivierungen auf -*t* sind meist feminin.

die Ankunft (ankommen)	Pflicht (pflegen)
Fahrt (fahren)	Schlacht (schlagen)
Flucht (fliehen)	Schrift (schreiben)
Geburt (gebären)	Sicht (sehen)
Naht (nähen)	Tat (tun)
	Zucht (ziehen)

162 Substantive auf -*íst*, -*tor*, -*nóm*, -*ánt*, -*lóge*, -*ánd*, -*ént* und -*ísmus* sind maskulin.

der Journalist	Faktor	Biologe
Artist	Traktor	Doktorand
Tourist	Astronom	Student
Doktor	Laborant	Optimismus

Substantivierte Infinitive sind immer neutral (und bilden auch keinen Plural). **163**

das Bedauern	Essen	Vergnügen
Bemühen	Können	Verhalten
Benehmen	Leben	Vertrauen

Substantive auf *-mént* sind oft neutral. **164**

das Dokument	Instrument	Parlament
Element	Monument	

Aber: *der* (auch: *das*) *Moment, der Konsument.*

Substantive auf *-ár*[1] sind maskulin und neutral. **165**
Maskulin sind:

der Basar	Kommentar	Notar
Bibliothekar	Kommissar	

Neutral sind:

das Exemplar	Inventar	Seminar
Formular	Mobiliar	Vokabular
Honorar		

Länder- und Landschaftsnamen auf *-éi, -íe, -e* und *-a* sind feminin. **166**

die Tschechoslowakei	Türkei	Mongolei
Normandie	Provence	Riviera

Bei zusammengesetzten Substantiven (▷ § 389) bestimmt das zweite Wort das **167**
Genus:

  der Wein + das Glas → das Weinglas

---

1 *Síngular* gehört auch in diese Gruppe, es wird jedoch auf der ersten Silbe betont.

168 „Faux amis" (= falsche Freunde): Das sind Wörter, die in mehreren Sprachen vorkommen und die einem deshalb vertraut erscheinen – so wie Freunde. In Wirklichkeit unterscheiden sich diese Wörter jedoch von einer Sprache zur anderen im Genus, in der Pluralbildung, in der Orthographie und nicht selten auch in ihrer Bedeutung.

die Bar	die Kontrolle	die Rolle
die Garage	das Photo/Foto	der Salat
die Gruppe		

169 Pluralbildung

Bei der Bildung des Plurals unterscheidet man die folgenden Typen:

Typ 1	Endung	*-e*		
	– mit Umlaut:	*̈e*	Nacht	– Nächte
	– ohne Umlaut:	*-e*	Tag	– Tage
Typ 2	Endung	*-er*		
	– mit Umlaut:	*̈er*	Dorf	– Dörfer
	– ohne Umlaut:	*-er*	Kleid	– Kleider
Typ 3	keine Endung	$\emptyset$		
	– mit Umlaut:	*̈$\emptyset$*	Garten	– Gärten
	– ohne Umlaut:	*-$\emptyset$*	Wagen	– Wagen
Typ 4		*-n/-en*	Muskel	– Muskeln
			Bahn	– Bahnen
Typ 5		*-s*	Park	– Parks

Wörter mit den Endungen *-n/-en* und *-s* haben nie einen Umlaut.

170 Bei mehrsilbigen Wörtern kann man oft an der Endung erkennen, wie der Plural lauten muß. Den Plural auf *-n/-en* bilden Wörter mit den folgenden Endungen:

-áge	-ént	-íe	-íst	-schaft	-ung
-ánt	-énz	-ik	-keit	-tát	-úr
-éi	-heit	-ión	-nóm	-tor	

Typ 1	Endung -*e*

Zu diesem Typus gehören sehr viele maskuline Substantive, außerdem einsilbige Feminina.

Typ 1a ¨-*e*

Maskulina

Anfang	Bruch	Gruß	Rang	Stuhl
Anlaß (-ässe)	Busch	Hahn	Raum	Sturm
Anspruch	Damm	Hals	Rock	Tanz
Antrag	Draht	Hof	Saal (Säle)	Ton
Arzt	Duft	Hut	Sack	Topf
Ast	Dunst	Kamm	Satz	Traum
Ausdruck	Einwand	Kampf	Schatz	Turm
Bach	Fall	Kauf	Schlag	Verstoß
Bahnhof	Flug	Knopf	Schlauch	Vertrag
Ball	Fluß (-üsse)	Kopf	Schrank	Vorhang
Band[1]	Frosch	Korb	Schwanz	Vortrag
Bart	Frost	Kuß (-üsse)	Sohn	Wolf
Bauch	Fuß	Lauf	Stab	Wunsch
Baum	Gang	Lohn	Stall	Zahn
Betrag	Gast	Markt	Stamm	Zaun
Block	Gegenstand	Paß (-ässe)	Stock	Zoll
Bock	Genuß (-üsse)	Pfahl	Stoß	Zug
Brand	Geruch	Plan	Strand	Zwang
Brauch	Grund	Platz	Strumpf	

---

1 Unterscheiden Sie: *der Band – die Bände* (dieses Wort gehört in die Liste oben) und *das Band – die Bänder* (▷ § 173).

Substantiv

Feminina

Angst	Frucht	Kunst	Nacht	Wand
Axt	Hand	Laus	Naht	Wurst
Bank	Haut	Luft	Not	Zunft
Braut	Kluft	Lust	Nuß (-üsse)	
Brust	Kraft	Macht	Schnur	
Faust	Kuh	Maus	Stadt	

Einsilbige Neutra dieses Pluraltyps gibt es bis auf eine Ausnahme (*das Floß –
die Flöße*) nicht.

172 | Typ 1b -*e* |

Maskulina

Aal	Fisch	Kredit	Punkt	Stein
Arm	Freund	Krieg	Rest	Stoff
Berg	Gewinn	Kurs	Rost	Tag
Bericht	Grad	Monat	Ruf	Text
Brief	Halm	Mond	Schirm	Tisch
Bus (-sse)	Hinweis	Mord	Schluck	Vergleich
Docht	Huf	Ort	Schritt	Weg
Dolch	Hund	Pfad	Schuh	Wein
Dom	Käfig	Preis	Sitz	Wind
Entscheid	Kiosk	Prozeß (-sse)	Spalt	Zweck
Feind				

Zu diesem Typus gehören ebenfalls Maskulina mit den Endungen -*al*,[1] -*ar*, -*är*,
-*eur*, -*iv*, -*ling*:

Plural	Sekretär	Akkusativ
Kommissar	Regisseur	Lehrling

---

1 Aber: *der Kanal – die Kanäle.*

Einsilbige Neutra:

Beil	Gas	Kinn	Pfund	Stück
Bein	Gift	Maß	Recht	Teil
Blech	Gleis	Meer	Reich	Tier
Boot	Haar	Moor	Salz	Tor
Brot	Heft	Öl	Schiff	Werk
Ding	Jahr	Paar	Schwein	Zelt
Erz	Kreuz	Pferd	Spiel	Ziel
Fest				

Neutra mit den Vorsilben *be-, ge-,* und *ver-*:

Besteck	Gebiet	Verbot
	Gebot	Verdienst[1]
	Gefäß	Verhör
	Gefühl	
	Gelenk	
	Geschäft	
	Geschenk	
	Gesetz	
	Gewicht	
	Gewürz	

Zu diesem Typus gehören ebenfalls Neutra mit den Endungen:

-ál (Lineal)	-étt (Skelett)
-ár (Exemplar)	-íl (Ventil)
-át (Fabrikat)	-ív (Motiv)
-ént (Dokument)	-nis (Verhältnis)

Einsilbige Feminina dieses Pluraltyps gibt es nicht.

| Typ 2 | Endung *-er*   173

Hierher gehören zum großen Teil einsilbige Neutra; Feminina dieses Typus gibt es nicht.

---

1 Auch maskulin: *Der Verdienst* ist das, was man für seine Arbeit bekommt.

Typ 2a ¨-er
Neutra

Amt	Dorf	Gut	Korn	Rad
Bad	Fach	Haus	Kraut	Schloß
Band	Faß (-ässer)	Holz	Lamm	Tal
Blatt	Glas	Horn	Land	Tuch
Buch	Grab	Huhn	Loch	Volk
Dach	Gras	Kalb	Pfand	Wort[1]

Maskulina

Gott	Mann	Rand	Wald
Irrtum	Mund	Reichtum	Wurm

174 Typ 2b -er
Neutra

Bild	Geld	Kleid	Nest
Brett	Gesicht	Licht	Rind
Ei	Glied	Lied	Schild
Feld	Kind	Mitglied	

Maskulina
  Geist und *Leib*

175 Typ 3 ohne Endung (∅)

Dieser Typus hat nur sehr wenige Feminina, nämlich *die Mutter – die Mütter* sowie *die Tochter – die Töchter*. Ansonsten gehören hierher Maskulina auf *-el*, *-en* und *-er* sowie Neutra auf *-chen, el, -en, -er, -sel*. Die Neutra haben in der Regel keinen Umlaut (Ausnahme: *das Kloster – die Klöster*).

---

1 *Wort* hat zwei Pluralformen, die sich in ihrer Bedeutung so unterscheiden: *Wörter* sind Einheiten des Wortschatzes einer Sprache, wie sie das *Wörterbuch* (und nicht: *Wortebuch) enthält. *Worte* dagegen sind ein Sinnzusammenhang gesprochener Rede, z. B. die Worte des Bundespräsidenten zu Weihnachten.

Typ 3a ⸚∅
Maskulina

Acker	Faden	Hammer	Mantel	Schaden
Apfel	Garten	Kasten	Nagel	Schnabel
Boden	Graben	Laden	Ofen	Vater
Bruder	Hafen	Mangel	Sattel	Vogel

Typ 3b -∅
Maskulina

176

Adler	Daumen	Gaumen	Kolben	Schatten
Anker	Deckel	Groschen	Körper	Schlüssel
Ärmel	Donner	Haken	Kuchen	Sommer
Balken	Esel	Kalender	Löffel	Ständer
Besen	Fehler	Keller	Meister	Streifen
Braten	Felsen	Kellner	Onkel	Tadel
Bügel	Finger	Knochen	Partner	Tropfen
Dampfer	Flügel	Koffer	Posten	Tunnel
			Rücken	Wagen

Hinzu kommen viele Bezeichnungen für Berufe und Völker:

Engländer, Handwerker, Techniker

...sowie viele Substantive auf *-ter*:

Arbeiter, Gewerkschafter, Leiter, Richter

Neutra

Becken	Gewässer	Lager	Schnitzel
Fenster	Häuschen	Mädchen	Semester
Gebäude	Kabel	Messer	Zeichen
Gebirge	Kissen	Mittel	

177 | Typ 4 | Endung *-n/-en*

Die meisten Maskulina und Feminina auf *-e* gehören hierher, außerdem sehr viele andere Feminina. Der Plural endet auf *-en*, wenn die Singularform auf einen Konsonanten (aber nicht: *-el, -er*) oder auf die Diphthonge *-ei* und *-au* endet. Der Plural endet auf *-n*, wenn die Singularform auf einen Vokal (aber nicht: *-au, -ei*) oder *-el, -er* endet. Dieser Typ hat nur sehr wenige Neutra:

Bett, Hemd, Herz, Ohr

Maskulina mit Plural auf *-n*:

Junge	Nachbar	See
Muskel	Pantoffel	Stachel
		Vetter

Außerdem: Substantive auf *-lóge (Biologe)*.

Maskulina mit Plural auf *-en*:

Bär	Herr	Nerv	Schreck
Dorn	Mast	Pfau	Staat
Fleck	Mensch	Schmerz	Strahl
			Typ

Außerdem Maskulina auf:

-ánt (Praktikant)	-ént (Absolvent)	-nóm (Astronom)
-át (Kandidat)[1]	-íst (Journalist)	

Feminina mit Plural auf *-n*:

Birne	Insel	Nummer	Schachtel
Bitte	Kartoffel	Rede	Steuer
Dose	Mauer	Regel	Tafel
Ehe	Nadel	Reise	

---

1 Aber: *Salat(e), Magistrat(e)*.

Feminina mit Plural auf *-en*:

Bank[1]	Geburt	Null	Uhr
Bahn	Gefahr	Reform	Wahl
Frau	Gegend	Tat	Zahl
Gebühr	Klinik	Tür	Zeit

Typ 5 Endung *-s*   **178**

Dieser Typus kommt bei allen drei Genera vor. Bei Substantiven, die auf Vokal (außer *-e*) enden:

das Auto	das Hobby	das Photo/Foto
das Büro	die Kamera	das Radio
das Café	das Komma[2]	das Sofa
das Echo	die Oma	das Tabu
das Genie	die Party	das Taxi

Außerdem bei:

die Bar	das Kotelett	der Start
der Chef	der Lkw	der Streik
der Club	der Park	das Team
das Detail	der Pkw	das Ticket
der Gag	das Restaurant	der Tip
das Hotel	der Scheck	

Nicht jeder Pluraltypus kommt bei jedem Genus vor: **179**

Typ	1a	1b	2a	2b	3a	3b	4		5
Endung	¨e	-e	¨er	-er	¨∅	-∅	-n	-en	-s
mask.	+	+	+	+	+	+	+	+	+
femin.	+	−	−	−	(+)	−	+	+	+
neutr.	−	+	+	+	(+)	+	−	(+)	+

+ = kommt vor, − = kommt nicht vor, (+) = kommt nur in Ausnahmen vor.

---
1 Vgl. *die Banken* (= die Geldinstitute) und *die Bänke* (= die Sitzmöbel, § 171).
2 Auch: *die Kommata*.

Man sieht folgendes aus dieser Tabelle: Neutrale Substantive bilden ihren Plural in der Regel nicht auf *-n/-en*, feminine Substantive bilden ihren Plural nicht auf *-er*, sie haben fast immer eine Pluralendung (Maskulina und Neutra haben nicht immer eine) und bilden ihren Plural auf *-e* nur zusammen mit einem Umlaut.

180 Besonderheiten der Pluralbildung

Die deutsche Sprache hat aus ihren Nachbarsprachen sowie aus dem Lateinischen und Griechischen zahlreiche Wörter „importiert", deren Pluralbildung nicht den bisher dargestellten Regeln entspricht.

– Neutra auf *-um/-ium* bilden den Plural auf *-en/-ien*:
   das Zentrum – die Zentren, das Museum – die Museen, das Individuum – die Individuen, das Gremium – die Gremien;
   ebenso: *Datum, Verbum, Forum, Gymnasium, Kriterium, Ministerium, Studium, Stipendium*

– Eine andere Gruppe von Neutra auf *-um* bildet den Plural auf *-a*:
   das Visum – die Visa;
   ebenso: *Abstraktum, Femininum, Neutrum, Kuriosum, Spezifikum*

– Mehrere Maskulina auf *-us* bilden den Plural auf *-en*:
   der Zyklus – die Zyklen;
   ebenso: *Rhythmus, Typus, Virus,*[1] *Organismus* (aber: *der Modus – die Modi*)

– Eine „Restgruppe":
   das Konto – die Konten, der Atlas – die Atlanten/Atlasse,
   das Lexikon – die Lexika, die Praxis – die Praxen,
   der Neubau – die Neubauten

181 Wörter, die nur/meistens im Plural gebraucht werden:

Antiquitäten	Formalien	Leute
Auslagen (= Unkosten)	Gebrüder	Memoiren
Bedenken	Geschwister	Möbel[3]
Chemikalien	Großeltern	Naturalien
Eingeweide	Immobilien	Personalien
Einkünfte	Jeans[4]	Querelen
Eltern[2]	Jura (studieren)	Realien
Ferien	Kosten	Reibereien
Finanzen	Lebensmittel	Shorts[4]

Spesen	Streitigkeiten	Utensilien
Spikes	Tropen	Vorfahren
Spirituosen	Trümmer	Wirren
Sporen	Unkosten	Zwillinge

Kasus 182

Welche Rolle ein Substantiv im Satz spielt, ob es z. B. Subjekt oder eines der Objekte ist (▷ §§ 306 ff.), das erkennt man am „Kasus"[5]. Sie wissen wahrscheinlich: Ein Substantiv, das im Nominativ steht, ist meist das Subjekt des Satzes. Den Kasus selbst erkennt man an der Form des Artikels (▷ §§ 210 ff.) und teilweise an den Endungen des Substantivs.

Singular

	Typ 1		Typ 2	Typ 3
Nomin.	der Schnee	das Wort	der Rabe	die Frau
Akk.	den Schnee	das Wort	den Raben	die Frau
Dat.	dem Schnee	dem Wort	dem Raben	der Frau
Gen.	des Schnees	des Wortes	des Raben	der Frau
	Hierher gehören alle Neutra sowie die Mehrzahl der Maskulina sowie Maskulina auf *-er, -ier, -eur, -or.*		Eine Reihe von Maskulina gehört hierher.	Hierher gehören alle Feminina.

---

1 In der medizinischen Fachsprache heißt es: *das* Virus.
2 Die Singularform *Elternteil* ist möglich.
3 Die Singularform *Möbelstück* ist möglich.
4 *Jeans* und *Shorts* können trotz ihrer Pluralform die Bedeutung des Singulars haben:
  Wo habe ich nur meine Jeans hingelegt?
5 *Kasus* stammt aus dem Lateinischen; der Plural heißt auch *Kasus,* jedoch mit langem *-u-.*

183 Typ 1:

Die Endung *-es* haben:

– Substantive auf *-s, -ß, -x, -tsch, -z:*
   das Haus – des Hauses, das Zeugnis – des Zeugnisses, das Gefäß – des Gefäßes, der Reflex – des Reflexes, der Kitsch – des Kitsches, das Gewürz – des Gewürzes;

– viele einsilbige Substantive:
   das Buch – des Buches, der Freund – des Freundes, der Tag – des Tages, der Mann – des Mannes;

– viele Substantive auf *-sch* und *-st:*
   der Fisch – des Fisches, der Verlust – des Verlustes.

Die Endung *-s* haben:

– mehrsilbige Substantive, die auf eine unbetonte Silbe enden, z. B. auf *-en, -em, -el, -er, -ling:*
   der Atem – des Atems, das Mädchen – des Mädchens, der Sessel – des Sessels, der Lehrer – des Lehrers, der Monat – des Monats, der Lehrling – des Lehrlings, das Schicksal – des Schicksals;

– Substantive, die auf Vokal oder Vokal + *h* enden:
   der Schnee – des Schnees, der Schuh – des Schuhs.

184 Typ 2:

Die Endung *-n* haben Substantive auf *-e*, die Lebewesen bezeichnen:

   Bote, Gatte, Kollege, Kunde, Zeuge, Affe, Löwe, Finne.

Die Endung *-en* haben Substantive, die auf Konsonant enden (aber: *des Herrn, des Bauern*); diese bezeichnen ebenfalls meist Lebewesen:

   Mensch, Christ, Fürst, Held, Narr.

Außerdem Wörter auf *-ánt, -ánd, -ént, -íst, -át, -nóm:*

   Demonstrant, Doktorand, Absolvent, Optimist, Demokrat, Ökonom.

185 Mischtyp

Einige maskuline Substantive auf *-e* haben Kasusendungen wie Typ 2, also auf *-n*, darüber hinaus aber im Genitiv noch ein *-s:*

   der Name, den Namen, dem Namen, des Namens.

Ebenso:

Buchstabe, Gedanke, Funke, Wille.

Als einziges Neutrum gehört hierher auch: *das Herz*.

Plural   186

Im Plural gibt es eine Kasusendung (sie ist wohl zu unterscheiden von der Pluralendung) nur im Dativ. Diese Dativendung ist *-n*. Sie kommt nur vor bei den Umlautendungen, *-e, -er* und *-Ø*, die anderen Typen (*-n/-en* und *-s*) haben im Dativ Plural keine Kasusendung.

Substantive mit Präposition   187

Alle Substantive haben ein Genus (▷ § 148), und von fast allen Substantiven kann man den Plural bilden. Aber nur eine kleine Gruppe von ihnen hat eine Präposition, mit deren Hilfe sie andere Wörter (Substantive oder Pronomina) anschließen können – ganz ähnlich wie bei den Verben, nur sind dort Präpositionen häufiger.

> die Reise *nach* Rom
> die Arbeit *an* der Dissertation

Diese Beispiele zeigen, daß die Präpositionen meist hinter dem Substantiv stehen, zu dem sie gehören (*Reise, Arbeit*). Substantive mit Präposition kommen besonders häufig in wissenschaftlichen Texten vor, aber auch in bestimmten Zeitungstexten.

Substantiv + *an* (Dativ)

> Meine Kritik *an* seinen Formulierungen war etwas scharf.
> Das Interesse *an* dieser Veranstaltung war groß.

das Angebot	das Interesse	die Orientierung
der Anteil	die Kritik	die Schuld
die Arbeit	der Mangel	die Teilnahme
der Bedarf	das Maß	der Zweifel
der Gehalt	die Mitwirkung	

188 Substantiv + *an* (Akkusativ)

Seine Bitte *an* mich kam etwas überraschend.

das Angebot (Pers.)	die Bindung	die Frage (Pers.)[1]
der Anspruch (Pers.)[1]	die Bitte (Pers.)	der Gedanke
die Antwort (Pers.)	die Erinnerung	der Glaube
der Appell	die Forderung (Pers.)[1]	

(Pers.) = *an* schließt eine Person an.

189 Substantiv + *auf* (Akkusativ)

Das Recht *auf* Leben und Gesundheit ist ein fundamentales Recht.

die Abnahme	die Erhöhung[1]	die Reaktion
der Angriff	die Freude	das Recht
der Anspruch	der Haß	die Rücksicht
der Anstieg[1]	der Hinweis	die Steigerung[1]
der Bezug[2]	die Hoffnung	der Verzicht
der Eindruck	die Konzentration	die Vorbereitung
der Einfluß	der Neid	die Wirkung

190 Substantiv + *aus* (Dativ)

Ich werde Konsequenzen *aus* Ihrem Verhalten ziehen.

die Folgerung, die Konsequenz, die Mischung

191 Substantiv + *bei* (Dativ)

Ihre Mitwirkung $\left\{ \begin{array}{l} \textit{beim} \\ \textit{bei dem} \end{array} \right\}$ Filmfest war sehr willkommen.

die Hilfe, die Mitwirkung

192 Substantiv + *für* (Akkusativ)

---

1 Vgl. § 203.
2 Meist *mit Bezug auf* oder *in bezug auf.*

Die Begründung *für* seine Behauptungen war absurd.

die Bedingung	die Erklärung	der Preis
die Begründung	der Ersatz	die Sorge[1]
das Beispiel	das Gefühl	die Spende
der Beweis	der Grund	die Ursache
die Bezeichnung	die Grundlage	die Verantwortung
der Dank	das Interesse	das Verständnis
die Entscheidung	der Kampf	die Voraussetzung
die Entschuldigung	der Platz	die Zuständigkeit

Substantiv + *gegen* (Akkusativ)   193

Die Proteste *gegen* die Erhöhung der Steuern dauerten mehrere Wochen.

die Entscheidung	die Polemik	der Verstoß
der Kampf	der Protest	

Substantiv + *in* (Akkusativ)   194

Professor Kasten gab uns einen Einblick *in* seine Forschungen.

der Einblick	die Einsicht
der Eingriff	die Einwilligung

Substantiv + *mit* (Dativ)   195

Meine Freundschaft *mit* Ulrich dauerte 30 Jahre.

die Ähnlichkeit	die Freundschaft	der Vergleich
die Auseinander-	die Gemeinsamkeit	die Vertrautheit
setzung	der Konflikt[2]	die Verwandtschaft
die Begegnung	der Kontakt[2]	die Verwechslung
die Bekanntschaft	die Korrespondenz	die Zufriedenheit
die Beschäftigung	die Verbindung[2]	der Zusammenhang
die Ehe		der Zusammenstoß

---

1 Vgl. § 206.
2 Vgl. § 205.

196 Substantiv + *nach* (Dativ)

Ich habe ein Bedürfnis *nach* frischer Luft.

das Bedürfnis	der Griff	das Streben
die Forderung[1]	die Nachfrage	die Suche
die Frage[1]	der Ruf	das Verlangen
		der Wunsch

197 Substantiv + *über* (Akkusativ)

Die Enttäuschung *über* den verregneten Urlaub dauerte noch einige Zeit.

der Ärger	die Enttäuschung	die Macht
der Aufsatz	die Freude[2]	die Reflexion
die Bemerkung	die Herrschaft	der Schreck
der Bericht	die Information	die Trauer
die Betroffenheit	die Klage	der Überblick
die Debatte	die Klarheit	die Übersicht
die Diskussion	die Kontrolle	die Untersuchung
die Entscheidung	die Literatur	das Urteil

198 Substantiv + *um* (Akkusativ)

Er hat auf meine Bitte *um* zusätzliche Informationen bis heute nicht reagiert.

die Abnahme[1]	die Erhöhung[1]	die Vermehrung[1]
der Anstieg[1]	die Senkung[1]	die Verminderung[1]
das Bemühen	die Sorge[3]	die Zunahme[1]
die Bitte	die Steigerung[1]	

199 Substantiv + *von* (Dativ)

Anthropologie ist die Lehre *vom* Menschen.

die Abhängigkeit	die Ausnahme	die Rede
die Abkehr	die Entfernung	die Scheidung
der Abstand	die Freiheit	die Vorstellung
die Abweichung	die Lehre	die Wissenschaft

---

1 Vgl. § 203.　　2 Vgl. § 204.　　3 Vgl. § 206.

Substantiv + *vor* (Dativ)　　　　　　　　　　　　　**200**

Die Furcht *vor* der Freiheit

die Angst	die Furcht	der Schutz
die Flucht	die Scheu	die Sicherheit

Substantiv + *zu* (Dativ)　　　　　　　　　　　　　**201**

Die Chance *zu* einer Einigung war nie größer.
Der Abstand der Erde *zum* Mond beträgt circa 390 000 km.

der Abstand	die Fähigkeit	die Nähe
die Alternative	der Gegensatz[1,2]	die Neigung
der Anlaß	die Gelegenheit	die Notwendigkeit
der Beitrag	die Grenze[1]	die Pflicht
die Bereitschaft	der Grund[3]	das Recht
die Beziehung[1]	der Kontakt[1]	die Stellung[4]
die Chance	die Kraft	die Verbindung[1]
die Distanz[1]	die Liebe	der Vergleich[5]
die Entschlossenheit	die Möglichkeit	der Wille
die Erlaubnis	der Mut	der Zwang
die Erziehung		

Substantiv + *zwischen* (Dativ[1])　　　　　　　　　**202**

Der Konflikt *zwischen* den streitenden Parteien ist beigelegt.

der Abstand	die Feindschaft	der Kontakt
die Ähnlichkeit	die Freundschaft	der Unterschied
die Beziehung	der Gegensatz	die Verbindung
die Differenz	die Grenze	das Verhältnis
die Distanz	der Konflikt	

---

1 Vgl. § 205.
2 Oft: *im Gegensatz zu.*
3 Vgl. § 204.
4 Meistens: *Stellung nehmen zu.*
5 Meistens: *im Vergleich zu.*

203 Was bedeuten verschiedene Präpositionen bei einem Substantiv?

(a) Mehrere Präpositionen können gleichzeitig bei einem Substantiv stehen. Hierher gehören besonders alle von Verben abgeleiteten Substantive, die ein Größer- oder Kleinerwerden bezeichnen:

Abnahme		
Anstieg	*um* (Differenz)	
Erhöhung		
Senkung	*auf* (absoluter Betrag)	Der Anstieg des Stundenlohns *um*
Steigerung		3,4% *auf* DM 12,97.
Vermehrung		
Verminderung		
Zunahme		

Außerdem:

Anspruch {	*an*	(Adressat)	Der Anspruch *an* die Kollegen *auf* recht-
	auf	(Inhalt)	zeitige Information
Forderung {	*an*	(Adressat)	Die Forderung *an* die Regierung *nach*
	nach	(Inhalt)	Verbesserung der Studienbedingungen

Wie *Forderung: Frage*

204 (b) Ein Substantiv hat verschiedene Präpositionen, diese können aber nicht zusammen vorkommen; das Substantiv ändert seine Bedeutung nicht:

Freude {	*auf*	(Zukunft)	Die Freude *auf* den Urlaub
	über	(Gegenwart/	Die Freude *über* die gewonnene
		Vergangenheit)	Wette
Grund {	*für*		Es besteht kein Grund *zur* Auf-
	zu	(emotionale Reaktion, z. B.	regung. – Der Grund *für* sein
		Freude, Klage, Aufregung)	Verhalten wurde mir erst später
			klar.

205 (c) Bei den folgenden Substantiven handelt es sich um solche, die im weitesten Sinne Beziehungen zwischen Personen und Dingen bezeichnen. Man kann unterscheiden, ob ein Partner oder mehrere Partner beteiligt sind.

	1 Partner	mehrere Partner
Ähnlichkeit	mit	
Konflikt	mit	
Kontakt	mit/zu	
Verbindung	mit/zu	
Abstand	zu	zwischen
Beziehung	zu	
Distanz	zu	
Gegensatz	zu	
Grenze	zu	
Verhältnis	zu	

Mein Verhältnis zu meinen Kollegen ist gut.

Aber: Das Verhältnis zwischen mir und meinen Kollegen ist gut.

Peters Ähnlichkeit mit seinem Bruder ist unübersehbar.

Aber: Die Ähnlichkeit zwischen Peter und seinem Bruder ist unübersehbar.

(d) Bei einigen Substantiven ändert sich mit der Präposition auch die Bedeu- **206** tung:

   die Sorge um = die Unruhe, Angst
   die Sorge für = das Bemühen, die Verantwortung

107

207 Substantive mit attributivem Nebensatz

Fast alle Substantive können einen Relativsatz haben, aber nur wenige kommen mit anderen Nebensätzen vor:

> Die Unsicherheit, ob er die Prüfung bestanden hat, ist groß.

Die attributiven Nebensätze stehen immer hinter dem Substantiv.

Substantiv + Infinitiv *zu*

> Ich hatte nicht die Geduld, mir die ganze Geschichte anzuhören.
> Sie haben nicht das Recht, in meine Privatsphäre einzudringen.

die Absicht	die Geduld	der Mut
die Aufgabe	die Gelegenheit	die Pflicht
das Bedürfnis	die Kraft	das Recht
die Bereitschaft	die Kunst	der Versuch
die Eigenschaft	die Lage[1]	der Wille
die Fähigkeit	die Lust	die Zeit
die Freiheit	die Macht	der Zwang
die Funktion	die Mühe	

208 Substantiv + *ob*-Satz

> Es stellt sich die Frage, ob wir nicht lieber eine Pause machen sollten.
> Ich habe Zweifel, ob seine Behauptungen wahr sind.

die Frage	die Ungeduld	die Unsicherheit
die Neugier	die Ungewißheit	die Untersuchung
das Problem	die Unklarheit	der Zweifel
die Überprüfung	die Unschlüssigkeit	

---

1 Besonders in der Verbindung *in der Lage sein.*

Substantiv + *daß*-Satz

Sein Vorschlag hatte den Vorteil, daß er leicht zu realisieren war.
Es besteht die Gefahr, daß wir den Zug verpassen.

die Annahme	die Gefahr	die Schwierigkeit
die Ansicht	das Gefühl	die Sicherheit
die Auffassung	die Gewißheit	der Sinn[3]
die Bedingung[1]	der Hinweis	der Standpunkt
die Behauptung	die Klarheit	der Tatbestand
das Bewußtsein	die Konsequenz	die Tatsache
die Einsicht	die Meinung	die Überzeugung
der Einwand	die Mitteilung	die Vermutung
die Erfahrung	die Möglichkeit	die Voraussetzung[4]
die Erkenntnis	der Nachteil	der Vorschlag
die Erwartung	der Nachweis	die Vorstellung
das Faktum	die Notwendigkeit	der Vorteil
die Feststellung	das Prinzip	die Wahrscheinlichkeit
die Folge[2]	das Problem	das Ziel
die Forderung	das Resultat	der Zweck
der Gedanke	die Schlußfolgerung	der Zweifel

---

1 Meist: *unter der Bedingung, daß* ...
2 Meist: *zur Folge haben, daß* ...
3 Meist: *in dem Sinne, daß* ...
4 Meist: *unter der Voraussetzung, daß* ...

Artikel

210 (a) Edel sei *der* Mensch, hilfreich und gut.

(b) *Ein* Unglück kommt selten allein.

(c) Geld macht nicht glücklich, aber es beruhigt.

(d) Neue Besen kehren gut.

In diesen Beispielen erkennt man drei verschiedene Artikeltypen, nämlich
– den bestimmten Artikel *der* in (a),
– den unbestimmten Artikel *ein* in (b).

Auch wenn kein Artikel erscheint, gibt es dafür eine Bezeichnung, nämlich
– den Nullartikel; dieser ist bekannt als Plural des unbestimmten Artikels: *eine Straße – Straßen,* vgl. oben das Beispiel (d). Aber es gibt ihn auch im Singular (c). Wir verwenden folgendes Symbol für den Nullartikel: ∅.

Dieses Schema zeigt das System der drei Artikelgruppen:

	bestimmter Artikel	unbestimmter Artikel	Nullartikel
Sing.	*der, die, das*	*ein, eine*	∅
Plur.	die	∅	∅

211 ## Artikelformen

Substantive haben zwar (meistens) Pluralendungen, aber nur noch wenige Kasusendungen (▷ §§ 182–186). Ob ein Substantiv z. B. im Akkusativ oder im Dativ steht, erkennt man hauptsächlich an der Artikelform.

Formen des bestimmten Artikels

Singular

	Maskulinum		Neutrum		Femininum	
Nomin.	der	Mensch	das ⎫ Kind		die ⎫	
Akk.	den ⎫		das ⎭		die	
Dat.	dem ⎬	Menschen	dem	Kind(e)	der ⎬ Frau	
Gen.	des ⎭		des	Kindes	der ⎭	

Plural

	alle Genera
Nomin.	die
Akk.	die
Dat.	den
Gen.	der

Menschen/Kinder(n)[1]/Frauen

Man sieht aus dieser Liste:

– Im Plural haben alle Geschlechter gemeinsam eine Artikelform.
– Die Formen *des* und *dem* haben Maskulinum und Neutrum gemeinsam
  (Gen. und Dat. Sing.).
– Die Form *die* hat vier Funktionen (Nomin. und Akk. Femin. Sing. sowie
  Nomin. und Akk. Plur.).
– Auch die Form *der* hat vier Funktionen (Maskul. Nomin. Sing., Gen. Plur.,
  sowie Gen. und Dat. Femin. Sing.).

Formen des unbestimmten Artikels   212

Singular

	Maskulinum	Neutrum	Femininum
Nomin.	ein Mensch	ein } Kind	eine
Akk.	einen } Menschen	ein } Kind	eine } Frau
Dat.	einem } Menschen	einem Kind(e)	einer } Frau
Gen.	eines	eines Kindes	einer

Der Plural des unbestimmten Artikels ist ∅, d. h. dieser Artikeltypus hat keine
Pluralform.
Diese Liste macht folgendes deutlich:

– Maskulinum und Neutrum haben – mit Ausnahme des Akkusativs – die
  gleichen Formen.
– Man erkennt in den meisten Formen die Endungen des bestimmten Artikels
  wieder (z. B. *des – eines, dem – einem*), nur nicht in der Form *ein*.

---

1 Dat.: *den Kindern*.

213 Kontraktionsartikel = Präposition + Artikel

Kommst du mit *ins* Gebirge?

In bestimmten Fällen wird eine Präposition mit einer Form des bestimmten Artikels zu einem Wort zusammengezogen (Kontraktion = Zusammenziehung). Beim unbestimmten Artikel ist dies nicht möglich.

Folgende Formen des Kontraktionsartikels kommen in der Standardsprache vor:

der (Dat. Femin.)	*dem* (Dat. Maskul./ Neutr.)	*das* (Akk. Neutr.)
zur (= zu + der)	am (= an + dem) beim (= bei + dem) im (= in + dem) vom (= von + dem) zum (= zu + dem)	ans (= an + das) ins (= in + das)

Es gibt darüber hinaus noch umgangsprachliche Formen wie *unterm, überm, aufs, vors, fürs, übers, ums.*
Wenn der bestimmte Artikel betont ist, kann er nicht mit der Präposition zusammengezogen werden. Vergleichen Sie:

Fritz ist gerade *beim* Essen.

Fritz war auch *bei dém* Essen, zu dem sein Chef eingeladen hatte.

In festen Verbindungen und vielen idiomatischen Wendungen ist der Kontraktionsartikel sogar obligatorisch:

Herzlichen Glückwunsch *zum* Geburtstag!

Am Donnerstag habe ich leider keine Zeit.[1]

Fritz läßt sich nicht *hinters* Licht führen.

Er ist beim Autounfall *ums* Leben gekommen.

---

1 Aber: *An dém Donnerstag, als ich ihn traf, reiste er gerade ab.*

Wann benutzt man welchen Artikeltyp?   **214**

Für ausländische Lerner ist diese Frage schwer zu beantworten. Zunächst ein
Beispiel:

> Es war einmal *ein König*. *Der* König hatte *drei Töchter*. *Die* Töchter waren alle dünn und häßlich.

Im ersten Satz dieses Beispiels, das der Anfang eines Textes sein könnte, wird
irgendein König zum ersten Mal genannt. Da es nicht nur einen, sondern viele
Könige gibt (oder gab), benutzt man den unbestimmten Artikel *ein*. Man
könnte im ersten Satz auch sagen:

> Es war einmal irgendein König.

Im zweiten Satz aber weiß man nun, daß aus der Menge vieler Könige ein
bestimmter gemeint ist. Das heißt: Der König, um den es in dem Text geht, ist
nun identifiziert. Und in diesem Falle benutzt man den bestimmten Artikel
der. Nehmen wir an, im ersten Satz stünde:

> Es war einmal der König.

Als Leser würde man sofort fragen: „Wieso, welcher König denn?" Man würde
genauso reagieren, wenn es im zweiten Satz hieße:

> Der König hatte die drei Töchter.

Man würde fragen: „Welche drei?" Erst müssen drei Töchter mit Nullartikel
eingeführt werden, dann kann man auf sie Bezug nehmen. *Bezug nehmen auf
etwas/jemanden* bedeutet eigentlich nichts anderes als *auf etwas/jemanden zeigen*. Zunächst einmal muß etwas da sein, d. h. im Text eingeführt sein, bevor
man darauf zeigen kann. Wenn man also den bestimmten Artikel benutzt, setzt
man eine Sache als bekannt voraus. Entweder durch den Text (wie der König
oben) oder durch allgemeine Weltkenntnis:

> Den Tag vor Heiligabend verbrachte ich am Schreibtisch.

Dieser Tag ist identifiziert, und zwar dadurch, daß er vor Heiligabend liegt;
man kann ihn deshalb als bekannt voraussetzen. Genau wie der Erste Mai (den
gibt es auch nur einmal im Jahr).

Der bestimmte Artikel identifiziert also etwas, der unbestimmte Artikel läßt   **215**
etwas unidentifiziert. Aber: Substantive mit dem unbestimmten Artikel sind
meistens sachliche oder persönliche Individuen. Vergleichen Sie:

> Ein Berg in den Schweizer Alpen heißt Jungfrau.
>
> Kaffee ist ein Getränk, das mich munter macht.

Einen Berg kann man von seiner Umgebung (den Tälern oder den anderen Bergen) unterscheiden, er ist ein Individuum. Kaffee ist dagegen eine Substanz, Gold ist eine Substanz und Öl ebenso. Substanzwörter werden gewöhnlich mit Nullartikel gebraucht. Aber: Aus manchen Substanzen kann man Teilmengen isolieren. Bei Getränken ist das z. B. der Fall:

Herr Ober, *ein* Bier, bitte! (= ein Glas Bier)
Ich hätte gern *einen* Kaffee! (= eine Tasse Kaffee)

Wenn das Bier auf dem Tisch steht und man den ersten Schluck davon nimmt, kann man sagen:

Herr Ober, *das* Bier ist ja lauwarm!

Der Grund: Das Bier ist nun identifiziert, man kann mit dem Finger darauf zeigen.

216 In manchen Fällen kann man den bestimmten oder den unbestimmten Artikel benutzen, die Bedeutung des Satzes ist aber nicht gleich:

(a) Ich suche nach *einem* Grund für sein Verhalten.
(b) Ich suche nach *dem* Grund für sein Verhalten.

(a) bedeutet: Sein Verhalten hat wahrscheinlich irgendeinen Grund, vielleicht sogar mehrere, und ich suche einen davon, der mich überzeugt.

(b) bedeutet: Sein Verhalten hat einen und nur einen Grund, und genau diesen einen Grund suche ich.

In den folgenden Paragraphen sind einzelne Regeln für die Benutzung des bestimmten und des unbestimmten Artikels sowie des Nullartikels zusammengestellt.

217 Bestimmter Artikel

Der bestimmte Artikel steht oft bei Ordnungszahlen und beim Superlativ:

Heute ist Freitag, *der* 13. (Es gibt nur einen 13. im Monat.)
Fritz ist *der* schönste Mann im Dorf.

Wenn aber der Superlativ bedeutet, daß eine Eigenschaft nur in hohem Maße vorhanden ist (Elativ ▷ § 240), dann kann auch der Nullartikel stehen:

Wir arbeiten mit modernsten Maschinen.

Er steht bei den Namen von Flüssen und Bergen:

die Eifel, der Mont Blanc, der Rhein, die Donau

Er steht bei den Namen einiger Staaten und Länder:

die Schweiz, die Vereinigten Staaten, die Sowjetunion

Der bestimmte Artikel steht immer bei Ländern und Landschaften auf *-ei* (▷ § 166):

die Türkei, die Lombardei

Er steht bei Landschaftsnamen auf *-ie, -e, -a* (▷ § 166):

die Normandie, die Bretagne, die Riviera

Er steht bei Landschaftsnamen und geographischen Großräumen mit einem Adjektiv:

der Mittlere Osten, der Tiefe Süden, der Hohe Norden

Er steht bei einigen anderen Landschaftsnamen:

die Pfalz, das Elsaß, das Engadin

Unbestimmter Artikel   218

Der unbestimmte Artikel steht bei Oberbegriffen:

Der Löwe ist *ein* Raubtier.
Blei ist *ein* Metall.
Das Auto ist *ein* Verkehrsmittel.

Er steht vor und nach *solche(r/s)*:

Solch ein Auto
Ein solches Auto } habe ich mir schon immer gewünscht.

Er steht oft in Konstruktionen mit Personenbezeichnungen:

Fritz hat sich immer *eine* Schwester gewünscht.
Müllers bekamen vor zwei Wochen *einen* Sohn.
Wir haben *einen* Dozenten mit einer dicken Hornbrille.
Ich sehe in ihm *einen* Fachmann.

Das Akkusativobjekt bei *haben / bekommen / erhalten / sich wünschen* steht meistens mit *ein* (wenn es nicht bereits identifiziert ist):

Peter hat *ein* angenehmes Leben.
Wir suchen schon seit zwei Jahren *eine* neue Wohnung.
Vorhin habe ich *ein* Telegramm bekommen.

Der unbestimmte Artikel *ein* wird leicht mit dem Zahlwort *ein* (= 1) verwechselt. Wenn man Lebensmittel einkauft, bezeichnet man die Menge mit *ein(e)* (= 1).

Ich möchte
 { ein Pfund Butter.
 ein Kilo Tomaten.
 einen halben Zentner Kartoffeln.

Bei Glückwünschen zu Festen steht dagegen der unbestimmte Artikel:

Ich wünsche Ihnen
 { ein frohes Osterfest.
 ein gutes neues Jahr.
 ein gesegnetes Weihnachtsfest.[1]

Dies steht im Widerspruch zu dem, was oben gesagt wurde: Diese Feste gibt es nur einmal im Jahr, und man müßte deshalb eigentlich den bestimmten Artikel verwenden. Dies tut man auch, wenn man den Wunsch anders formuliert:

Ich wünsche Ihnen alles Gute *zum* neuen Jahr.

219 Nullartikel (∅)

Substanzen stehen gewöhnlich mit Nullartikel:

Blut ist ein besonderer Saft.
Sauerstoff ist ein Gas.

Folgende Besonderheit ist zu beachten: Manchmal kann man auf Substanzen auch hinweisen oder sogar mit dem Finger zeigen. Dann werden sie mit dem bestimmten Artikel gebraucht:

Das Wasser ist aber kalt!
Aus der Wunde floß *das* Blut in Strömen.

Manche Substantive, die eigentlich Individuen bezeichnen, können auch als Substanzen verwendet werden. Vergleichen Sie:

Die Erde kreist um *die* Sonne. (Individuum)
Hier am Fenster bekommen die Pflanzen genügend *Sonne.* (Sonne als Substanz, d. h. Licht und Wärme der Sonne)

---

1 Oder mit Nullartikel im Plural: *Frohe Ostern/Weihnachten!*

Besonders wenn man sagt, welchen Beruf jemand ausübt oder ausüben wird, benutzt man den Nullartikel:

Mein Freund ist Beamter.
Fritz arbeitet als Maurer.
Katrin wird Modezeichnerin.

Wenn man aber auf eine bestimmte Person hinweist, verwendet man den bestimmten Artikel:

Der Beamte auf dem Finanzamt hat mich höflich behandelt.

Die Präpositionen *pro* und *je* werden immer ohne Artikel benutzt;

Die Tomaten kosten 3,80 DM pro/je Kilo.

220 Wenn vor einem Substantiv ein attributiver Genitiv, ein Possessivpronomen, ein Demonstrativpronomen, die Relativpronomina *dessen/deren* oder *jeder, alle, manche(r/s)* steht, verwendet man ebenfalls den Nullartikel:[1]

Peters Vater ist Architekt.
Mein Hund hat blaue Augen.
Dieser Mensch hat mich denunziert.
Peter, *dessen* Vater Architekt ist, ...
Jeder Mensch ist zur Hilfeleistung verpflichtet.
Alle Menschen sind mit gleichen Rechten geboren.
Mancher Bewerber war nicht geeignet.

Die meisten Staaten, Landschaften und Erdteile stehen mit Nullartikel:

Afrika, Europa, Frankreich, Großbritannien, Deutschland, Bayern, Schleswig-Holstein.

Aber: *die Antarktis.*
(Ländernamen mit bestimmtem Artikel ▷ § 217.)

Städtenamen stehen mit Nullartikel:

Wien, Hamburg, München

Wenn sie aber ein Attribut haben, dann stehen sie mit bestimmtem Artikel:

das heutige München
das Berlin der 30er Jahre

---

1 Unterscheiden Sie gut: *beide Personen* (zwei vorher genannte Personen) und *die beiden Personen* (zwei Personen aus einer größeren Gruppe).

Die Namen von religiösen Festen stehen mit Nullartikel:

Weihnachten, Ostern, Pfingsten, Himmelfahrt, Allerheiligen

Nicht-religiöse Feiertage stehen mit bestimmtem Artikel:

der 17. Juni, der 1. Mai

Namen von Schulfächern und Universitätsdisziplinen stehen mit Nullartikel:

Latein, Mathematik, Jura, Informatik, Betriebswirtschaft

221 Eigennamen stehen meist ohne Artikel, denn ihr Träger ist ja bereits durch seinen Namen identifiziert:

Frau Dr. Schneider, Herr Professor Küpper, Victoria, Willy, Onkel Heinz

Wenn man aber ausdrücken will, daß man eine Person überhaupt nicht kennt, benutzt man den unbestimmten Artikel:

Vor einer Stunde hat *ein* Herr Petermann angerufen und wollte dich sprechen.

In der gesprochenen Sprache hört man bei Vornamen auch den bestimmten Artikel:

Ich bin *der* Roland, und das ist *die* Gaby.

Kein Artikel wird in der Verbindung *es ist/wird* + Wochentag/Monatsname/ Jahreszeit gebraucht:

Es wird Frühling.
Heute ist Freitag.
Jetzt ist Mai.

Auch in vielen idiomatischen Wendungen wird kein Artikel verwendet:

Das Schiff ging *mit Mann und Maus* unter.
Millers zogen *mit Sack und Pack* in die Ferien.
Es friert *Stein und Bein.*

Und schließlich steht in vielen festen Verbindungen mit Verb + Substantiv (im Akk.) kein Artikel:

Hilfe leisten, Spaß machen, Angst / Hunger / Mut haben, Sport treiben (▷ §§ 132–135).

Adjektiv

(a) Das kalte Wasser   **222**
(b) Das Wasser ist kalt.

Diese beiden Beispiele zeigen ein wichtiges Charakteristikum des Adjektivs:
Es kommt in zwei Varianten vor, und zwar
(a) mit Endung (attributives Adjektiv) und
(b) ohne Endung (prädikatives Adjektiv).

Das attributive Adjektiv kommt hauptsächlich im Rahmen dieser Struktur vor:

Artikel Zahlwort } ∅	+ _____ Endung	+ Substantiv	die fünf } ∅	alt-en[1] } alt-e	Häuser

(Eine Besonderheit, das substantivierte Adjektiv, wird in § 242 behandelt.)

Das prädikative Adjektiv kommt hauptsächlich im Rahmen dieser Struktur vor:

Substantiv +	{ ist wird bleibt gilt als etc.	+ _____ keine Endung	Der Apfel ist reif. Fritz wird gesund. Es bleibt kalt. Rom gilt als sehenswert.

Ein weiteres Charakteristikum des Adjektivs ist die Tatsache, daß man es   **223**
steigern kann: Man kann von der Grundform (dem Positiv) eine erste und
zweite Steigerungsstufe bilden (Komparativ bzw. Superlativ):

jung – jünger – am jüngsten / der jüngste

Ähnlich wie das Verb und auch das Substantiv kann das Adjektiv Ergänzungen   **224**
bei sich haben:

Australien ist reich an Bodenschätzen.

---

1 Möglich ist natürlich auch: *die fünf alten Häuser.*

119

Das Adjektiv ist insgesamt eine etwas komplizierte Wortart, denn
– nicht alle Adjektive kann man attributiv verwenden,
– nicht alle Adjektive kann man prädikativ verwenden,
– nicht jedes Adjektiv kann man steigern,
– nicht jedes Adjektiv hat eine Ergänzung.

225 Verwendungsweise der Adjektive

Adjektive, die man nur prädikativ verwenden kann

Es gibt eine kleine Gruppe von Adjektiven, die man nur prädikativ verwenden kann. (Die Gruppe der Adjektive mit ausschließlich attributiver Funktion ist erheblich größer.)

> Nach dem Unfall war ich völlig *durcheinander*.
> Die Firma ist *pleite*.
> Herr Mauersberger wurde bei seinem Chef wegen einer Gehaltserhöhung *vorstellig*.

barfuß	genug	vorstellig (+ werden)
durcheinander	leid[2]	willens
egal	los	wohl (+ Dat_{Pers})
einerlei	perplex (ugs.)	fix und fertig (ugs.)
entzwei	pleite	gang und gäbe
fit	quitt	null und nichtig
futsch (ugs.)[1]	schade	recht und billig

226 Adjektive, die man nur attributiv verwenden kann

(1) Alle Ordinalzahlen (Ordnungszahlen)

> *das erste Mal, der zwanzigste Besucher, das letzte Haus*

Die Ordinalzahl ist auch im folgenden Falle attributiv:

> Diese Kontrolle ist schon *die zweite* in diesem Jahr.

---

1 ugs. = umgangssprachlich.
2 Nur mit *es: Ich bin es leid, daß man mir immer meine Zeitung wegnimmt.*

120

(2) Geographische Herkunftsbezeichnungen[1]

französischer Wein, ungarische Tänze, der indische Elefant, Schweizer Uhren, Münchner Weißwurst, Winde aus nördlicher Richtung

(3) Stoffadjektive

ein goldener Ring

eisern	metallen	steinern
hölzern	seiden	wollen

In übertragener Bedeutung können einige Adjektive dieser Gruppe auch prädikativ verwendet werden:

Sein Benehmen ist etwas *hölzern*.

(4) Relative Adjektive

227

Bei dieser Gruppe handelt es sich um Adjektive, die von Substantiven gebildet sind, die Personen oder Institutionen bezeichnen. Diese Gruppe ist recht groß.

die betriebliche Mitbestimmung, die medizinische Versorgung, eine schulische Veranstaltung

administrativ	gerichtlich	schulisch
ärztlich	gewerkschaftlich	studentisch
bischöflich	ministeriell	universitär
elterlich	polizeilich	

(5) Temporale Adjektive

seine gestrige Ankunft

abendlich	gestrig	morgig
baldig	heutig	nächtlich
damalig	jährlich	ständig
diesjährig	jetzig	stündlich
ehemalig	monatlich	täglich
einstig	morgendlich	wöchentlich

---

1 Wenn ein Besitzverhältnis gemeint ist, dann können Adjektive dieser Art auch prädikativ verwendet werden: *Korsika ist französisch.*

(6) Lokale Adjektive

auswärtige Angelegenheiten, das linke Rheinufer

auswärtig	inner-	obig
äußer-	jenseitig	recht-
dortig	link-	unter-
hiesig	mittler-	vorder-
hinter-	ober-	

(Die Adjektive mit Bindestrich haben keine neutrale Grundform; dies gilt auch für die folgende Gruppe.)

228 (7) Andere Adjektive

all-	eigentlich	sonstig
alleinig	gänzlich	ungefähr
ander-	sämtlich	völlig
besonder-		

Hierher gehören auch *einig* und *verschieden,* aber nur im Plural und nur in quantitativer Bedeutung. Unterscheiden Sie:

einige Bücher – Wir sind uns *einig.*

verschiedene Kollegen – Die beiden Schwestern sind sehr *verschieden.*

Adjektive, die man nur in bestimmten Bedeutungen nicht-prädikativ verwenden kann:

in jungen Tagen	in alten Zeiten (nicht: *Die Zeiten sind/waren alt.)
die früheren Verhältnisse	
ein scharfer Kritiker	(nicht: *Der Kritiker ist scharf. sondern: Er kritisiert scharf.)
ein starker Raucher	ein schlechter Esser
ein mittelmäßiger Mathematiker	
ein guter Redner	ein genauer Beobachter

Eine sehr kleine Zahl von Adjektiven hat bei attributivem Gebrauch keine Endung. Dies sind im wesentlichen einige Farbadjektive:[1]

orange, beige, türkis

---

1 Attributive Adjektive ohne Endung klingen auch für manches deutsche Ohr etwas seltsam. Es gibt deshalb Ersatzformen mit *-farben: Das orangefarbene Tuch.*

Adjektivendungen

Das attributive Adjektiv steht normalerweise vor einem Substantiv und hat eine Endung (▷ § 222). Dabei gilt folgender Grundsatz: In einer Substantiv-gruppe (Art. + Adj. + Subst.) werden das Genus und der Kasus des Substantivs nur einmal markiert. Sehr oft übernimmt der bestimmte Artikel (*der, die, das*) oder ein Demonstrativpronomen (*dieser, jener*) diese Funktion mit Hilfe seiner Endung. Wenn es aber keinen Artikel oder kein Demonstrativprono-men gibt oder wenn der Artikel keine Endung hat (z. B. *ein*), dann übernimmt das Adjektiv diese Funktion mit Hilfe seiner Endung.

Zwar hat das Adjektiv in diesen beiden Fällen auch eine Endung, diese sieht aber unterschiedlich aus. Man unterscheidet:

(a) eine nominale oder schwache Endung, d. h. eine Endung, die auch die **230** maskulinen Substantive auf -*e* (*der Rabe, der Kollege*) haben. Vergleichen Sie die Endungen von *groß* und *Rabe*:

Nomin.	der groß-e Erfolg	der Rab-e	
Akk.	den groß-en Erfolg	den Rab-en	Singular
Dat.	dem groß-en Erfolg	dem Rab-en	
Gen.	des groß-en Erfolges	des Rab-en	
Nomin.	die groß-en Erfolge	die Rab-en	
Akk.	die groß-en Erfolge	die Rab-en	Plural
Dat.	den groß-en Erfolgen	den Rab-en	
Gen.	der groß-en Erfolge	der Rab-en	

Fast die gleichen Endungen wie das Maskulinum haben die femininen und die neutralen Adjektive. Der Unterschied: Sie haben im Akk. Sing. die Endung -*e*:

Nomin.	die groß-e Stadt	das alt-e Haus	
Akk.	die groß-e Stadt	das alt-e Haus	Singular
Dat.	der groß-en Stadt	dem alt-en Haus	
Gen.	der groß-en Stadt	des alt-en Hauses	
Nomin.	die groß-en Städte	die alt-en Häuser	
Akk.	die groß-en Städte	die alt-en Häuser	Plural
Dat.	den groß-en Städten	den alt-en Häusern	
Gen.	der groß-en Städte	der alt-en Häuser	

231 (b) eine pronominale oder starke Endung, die auch der bestimmte Artikel oder die Demonstrativpronomina *dieser* und *jener* haben:

Nomin. Akk. Dat. Gen.	schwer-er Sturm schwer-en Sturm schwer-em Sturm schwer-en Sturmes	frisch-e Milch frisch-e Milch frisch-er Milch frisch-er Milch	} Singular
Nomin. Akk. Dat. Gen.	schwer-e Stürme schwer-e Stürme schwer-en Stürmen schwer-er Stürme	groß-e Städte groß-e Städte groß-en Städten groß-er Städte	} Plural
Nomin. Akk. Dat. Gen.	weich-es Holz weich-es Holz } Singular weich-em Holz weich-en Holzes	weich-e Hölzer weich-e Hölzer weich-en Hölzern weich-er Hölzer	} Plural

Hinweise

– Die Endung *-e* ist im Plural (Nom., Akk.) bei allen Geschlechtern stark, im Singular schwach, im Singular Femin. (Nom., Akk.) ist sie beides.
– Bei Adjektiven auf *-el* fällt das *-e-* aus:
  Die Wohnung ist komfortabel.
  Aber: eine komfortable Wohnung

232 **Wann benutzt man welche Endung?**

(1) Nach dem bestimmten Artikel (*der, die, das*) benutzt man die nominale Endung, denn dieser Artikel hat immer eine Endung, die Genus und Kasus des Substantivs markiert. Das gleiche gilt für die Demonstrativpronomina *dieser* und *jener*.
Außerdem steht die nominale Endung bei: *jeder, alle, mancher/e/es, welcher/e/es, der-/die-/dasselbe, der-/die-/dasjenige.*
Beispiel: alle alten Freunde

233 (2) Nach Präpositionen und nach Zahlwörtern benutzt man die pronominale Endung:

  trotz schwerer Stürme, drei schwarze Katzen

Das Adjektiv hat in diesen Fällen die Aufgabe, das Genus und den Kasus des Substantivs anzuzeigen. Außerdem steht die pronominale Endung bei den unflektierten Formen *viel, mehr, wenig (viel altes Holz, wenig weißes Papier)* sowie bei den Pluralformen *andere, einige, einzelne, etliche, manche, mehrere, verschiedene, viele, wenige* und schließlich nach *deren* und *dessen*. Beispiel: *viele neue Bücher.*

(3) Ein besonderer Fall liegt vor bei dem unbestimmten Artikel *ein* (▷ § 212), **234** bei dem Pronomen *kein* und bei den Possessivpronomina *mein, dein, sein, unser, euer, ihr*. Beispiel:

mein alter Freund

Hier gilt folgende **Regel**: Immer dann, wenn diese Wörter eine Endung haben, hat das Adjektiv die nominale Endung; wenn diese Wörter keine Endung haben, hat das Adjektiv die pronominale Endung.
Wichtig: Das *-er* in *unser* und *euer* zählt nicht als Endung!

Deklinationstabelle

	Singular		Plural
Nomin.	ein/unser	alt-er Freund	unser-e alt-en Freunde
Akk.	einen/unseren	alt-en Freund	unser-e alt-en Freunde
Dat.	einem/unserem	alt-en Freund	unser-en alt-en Freunden
Gen.	eines/unseres	alt-en Freundes	unser-er alt-en Freunde
Nomin.	eine/ihre	schwarz-e Katze	ihre schwarz-en Katzen
Akk.	eine/ihre	schwarz-e Katze	ihre schwarz-en Katzen
Dat.	einer/ihrer	schwarz-en Katze	ihren schwarz-en Katzen
Gen.	einer/ihrer	schwarz-en Katze	ihrer schwarz-en Katzen
Nomin.	ein/euer	neu-es Auto	eure neu-en Autos
Akk.	ein/euer	neu-es Auto	eure neu-en Autos
Dat.	einem/eurem	neu-en Auto	euren neu-en Autos
Gen.	eines/eures	neu-en Autos	eurer neu-en Autos

ein hat im Plural keine Formen, das Adjektiv hat deshalb die pronominale Endung:

Nomin.	alt-e Freunde	schwarz-e Katzen	neu-e Autos
Akk.	alt-e Freunde	schwarz-e Katzen	neu-e Autos
Dat.	alt-en Freunden	schwarz-en Katzen	neu-en Autos
Gen.	alt-er Freunde	schwarz-er Katzen	neu-er Autos

235 Komparation

Man unterscheidet drei Steigerungsstufen beim Adjektiv, die Grundstufe oder Positiv, die erste Steigerungsstufe oder Komparativ sowie die zweite Steigerungsstufe oder Superlativ. Man bildet den Komparativ mit Hilfe der Endung *-er*, den Superlativ mit *-st* oder *-est*. Einige Adjektive haben darüber hinaus im Komparativ und Superlativ einen Umlaut:

> kurz – kürzer – am kürzesten

Vergleiche:
Im Positiv werden die Vergleichswörter *so ... wie* verwendet:

> Er ist *so* alt *wie* ich.

Im Komparativ benutzt man *als*:

> Ich bin älter *als* er.

Bei Adjektiven auf *-el* fällt im Komparativ das *-e-* immer aus, bei Adjektiven auf *-en* gelegentlich:

> dunkel – die dunkleren Nächte (aber im Superlativ: die dunkelsten Nächte)
> bescheiden – ein bescheid(e)nerer Mensch

236 Den Superlativ bildet man mit *-est* bei einsilbigen oder endbetonten mehrsilbigen Adjektiven auf *-d, -s, -sch, -ß, -t, -x, -z* sowie bei Adjektiven auf *-los* und *-haft*:

> wild – der wildeste
> kraus – der krauseste
> frisch – am frischesten
> heiß – heißeste
> dreist – dreisteste
> bunt – bunteste
> lax – laxeste
> spitz – spitzeste
> schwarz – schwärzeste
> rücksichtslos – der rücksichtsloseste
> ernsthaft – ernsthafteste

Alle anderen Adjektive – auch die mehrsilbigen, nicht endbetonten – haben -*st*:

passend – der passendste
gefürchtet – der gefürchtetste
komisch – der komischste

Eine Ausnahme bildet *groß*:

groß – der größ-te

Umlaut im Komparativ und Superlativ

237

Die hierher gehörenden Adjektive bilden insgesamt nur eine kleine Gruppe. Aber: Viele von ihnen werden sehr häufig verwendet, zum Beispiel:

warm – wärmer – am wärmsten

alt	hart	lang
arg	hoch	nah/nahe
arm	jung	scharf
blaß (-sser)	kalt	schwach
dumm	klug	schwarz
gesund	krank	stark
grob	kurz	warm
groß (größt-)		

blaß und *gesund* kommen auch ohne Umlaut vor (*blasser, gesunder*). Folgende Adjektive haben noch ein -*e*- vor dem superlativischen -*st*-: *alt, blaß, gesund, hart, kalt, kurz, schwarz*.
Die Adjektive *hoch* und *nah/nahe* verändern außerdem noch ihren Endkonsonanten:

hoch – höher – am höchsten / der höchste
nah/nahe – näher – am nächsten / der nächste

Ausnahmen

Besondere Formen haben *gern, gut* und *viel*:

gern	–	lieber	–	am liebsten
gut	–	besser	–	am besten / der beste
viel	–	mehr	–	am meisten

238 Einige Adjektive haben nur einen Superlativ, aber keinen Komparativ; sie sind von Lokaladverbien abgeleitet:

Adverb	Adjektiv		
	Positiv	Komparativ	Superlativ
außen	äußer-	–	äußerst-
hinten	hinter-	–	hinterst-
innen	inner-	–	innerst-
oben	ober-	–	oberst-
vorn	vorder-	–	vorderst-

239 Bei zusammengesetzten Adjektiven (*groß-artig, lang-fristig, schwer-wiegend*) kann man das erste der beiden Adjektive dann steigern, wenn die Bedeutung der Grundform noch präsent ist:

> eine langfristige/längerfristige Entwicklung
> eine weitreichende/weiterreichende Entscheidung

dagegen:

> die großartigste Aufführung
> der schwerfälligste Mensch
> geringfügigste Veränderungen

240 ## Steigerungsformen ohne Vergleiche

Bei einigen Adjektiven kann man den Komparativ oder auch den Superlativ benutzen, ohne damit einen Vergleich auszudrücken.

Komparativ:

> *Ein jüngerer Mann* ist nicht jünger als ein junger Mann, sondern etwas älter. *Jünger* bezieht sich auf *alt:* Ein jüngerer Mann ist jünger als ein alter Mann.[1]
> *Dem Kranken geht es schon besser.*

Das heißt: Es ist ihm vorher schlechter gegangen, aber es geht ihm noch nicht gut.

---

1 Entsprechend ist *ein älterer Herr* zwar nicht mehr *jung,* aber auch noch nicht *alt* zu nennen.

Superlativ:

> In kürzester Zeit wurde die Ware geliefert.
> Gestern war bestes Wetter.

Der Superlativ bezeichnet hier nicht den höchstmöglichen Grad, sondern nur einen sehr hohen Grad. In dieser Funktion (elativ) tritt die Superlativform oft ohne Artikel auf.

Man kann Adjektive auch „nach unten" steigern: **241**

+	am schönsten schöner
	schön
−	weniger schön am wenigsten schön

Eine große Gruppe von Adjektiven kann nicht gesteigert werden. Viele der nur attributiv verwendbaren Adjektive gehören hierher.

Substantivierte Adjektive mit Endung   242

> *Der Beamte* zeigte Verständnis für meine Probleme.
> *Ein Beamter* ist sozial gut gesichert.

der Abgeordnete	– ein Abgeordneter
der Angestellte	– ein Angestellter
der Beamte	– ein Beamter
der Bekannte	– ein Bekannter
der Bevollmächtigte	– ein Bevollmächtigter
der Erwachsene	– ein Erwachsener
der Fremde	– ein Fremder
der Gelehrte	– ein Gelehrter
der Kranke	– ein Kranker
der Verletzte	– ein Verletzter
der Verwandte	– ein Verwandter
der Vorsitzende	– ein Vorsitzender

243 Rektion

Adjektive können ebenso wie Verben ($\triangleright$ §§ 98–131) und Substantive ($\triangleright$ §§ 187–202) durch weitere Satzglieder ergänzt werden, und zwar durch
(a) Kasusergänzungen (Dativ, Genitiv, Akkusativ),
(b) präpositionale Ergänzungen und durch
(c) Nebensätze (Inf$_{zu}$, *ob*-Satz, *daß*-Satz).

> Die Aufgabe ist *mir* zu schwierig.
> Wir sind gespannt *auf* die weitere Entwicklung.
> Ich bin neugierig, *ob* Paul den Brief inzwischen bekommen hat.

Wenn Adjektive durch weitere Satzglieder erweitert sind, werden sie oft prädikativ gebraucht; zusammen mit Kasusergänzungen oder präpositionalen Ergänzungen können sie aber auch attributiv verwendet werden.

244 Adjektive mit Kasusergänzung

Adjektiv + Dativ

Der Dativ steht normalerweise vor dem Adjektiv:

> Du bist *uns* willkommen.

ähnlich	geheuer[1]	recht
angemessen	geläufig	schädlich
angenehm	gemäß	schlecht[2]
begreiflich	gemeinsam	schuldig
behilflich	gerecht	schwer[3] (werden)
bekannt	gewachsen	treu
böse	gleich	übel[4]
dankbar	gleichgültig	überlegen
dienlich	hinderlich	unerträglich
egal	klar	unheimlich
eigen	lästig	verbunden
einerlei	lieb	verhaßt
ergeben	möglich	verständlich
erwünscht	nahe	wichtig
fremd	neu	willkommen
gefährlich	nützlich	
gefällig	peinlich	

Bei den folgenden Adjektiven steht der Dativ in Verbindung mit *zu:*

albern	leicht
anstrengend	schwer
dumm	schwierig
langweilig	

Dieser Roman ist mir zu langweilig.

Ersatzkonstruktionen mit *für* sind möglich:

Der Koffer ist mir zu schwer.

Der Koffer ist zu schwer für mich.

Adjektiv + Genitiv   245

Der Genitiv steht normalerweise vor dem Adjektiv.

Adjektivergänzungen im Genitiv werden – ebenso wie die Genitivergänzungen (▷ § 125) – in der deutschen Gegenwartssprache immer seltener. Sie werden hauptsächlich in gehobener Sprechweise verwendet und zunehmend durch präpositionale Ergänzungen ersetzt:

Er wurde seines Erfolges nicht froh. (gehoben; sonst mit *über*)

Dieser Mensch ist eines Betruges nicht fähig. (gehoben; sonst mit *zu*)

Paul ist sich seiner Sache sehr sicher.

bar	froh	überdrüssig
bedürftig	gewiß	verdächtig[5]
bewußt	sicher	wert (gehoben)
fähig	schuldig[5]	würdig

---

1 Normalerweise nur verneint: *Das ist mir nicht geheuer.*

2 Meist nur mit Dativ der Person und *sein/werden: Ihm wird/ist schlecht.*

3 Bei *sein* nur mit *zu: Die Aufgabe ist mir zu schwer.*

4 Vgl. *schlecht.*

5 Genitivergänzungen bei Adjektiven und Verben (▷§ 125) sind in der Rechtssprache noch relativ stabil, wie man an den Beispielen *schuldig* und *verdächtig* sieht.

246 Adjektiv + Akkusativ

Auch der Akkusativ steht vor dem Adjektiv.
Der Akkusativ bei den folgenden Adjektiven drückt eine Maßangabe oder eine Quantität aus:

> Köln ist 30 km von Düsseldorf entfernt.
> Die Kastanie vor unserem Haus ist 25 m hoch.

alt	groß	tief
breit	hoch	wert
dick	lang	wcit
entfernt	schwer	

Andere Adjektive mit dem Akkusativ:

> In diesem Restaurant wurde ich 100 Mark los.

los, schuldig[1]

247 Adjektive mit Präposition

Die präpositionale Ergänzung steht in vielen Fällen sowohl vor als auch hinter dem Adjektiv:

> Ich bin interessiert an einem Gebrauchtwagen.
> Ich bin an einem Gebrauchtwagen interessiert.

248 Adjektiv + *an*/Dativ

> Ihm ist *an* einem Erfolg gelegen.

arm	gelegen	reich
beteiligt	interessiert	schuld(ig)

249 Adjektiv + *an*/Akkusativ

> *gebunden, gewöhnt*

---

1 Vgl. *schuldig* mit Genitiv und mit Akkusativ:
   Er ist eines Verbrechens schuldig. – Du bist mir eine Erklärung schuldig (meist mit Dat$_{Pers}$).

Adjektiv + *auf*/Akkusativ 250

Fritz ist neidisch *auf* Pauls Videorecorder.

Ich bin $\left\{ \begin{array}{l} \text{nicht } auf \text{ deine Hilfe} \\ auf \text{ deine Hilfe nicht} \end{array} \right\}$ angewiesen.

angewiesen	eifersüchtig	scharf
aufmerksam	eingebildet	spitz (ugs.)
bedacht	gefaßt	stolz
begierig	gespannt	wild (ugs.)
bezogen	neidisch	wütend
böse	neugierig	zornig

Adjektiv + *auf*/Dativ 251

Mein Nachbar ist seit zwei Jahren *auf* dem rechten Ohr taub.

blind, lahm, taub

Adjektiv + *bei*/Dativ 252

Robert ist mir *bei* meiner Arbeit behilflich.

behilflich, beliebt, verhaßt

Adjektiv + *für*/Akkusativ 253

Dein Hinweis war sehr nützlich *für* meine Untersuchung.
Dr. Viehhäuser ist *für* seine Genauigkeit bekannt.

angemessen	geeignet	schädlich
angenehm	genug	schlecht
bedeutsam	geschaffen	schmerzlich
bedeutungslos	gut	verantwortlich
bekannt	interessant	verbindlich
bestimmt	nachteilig	verderblich
bezeichnend	nötig	verständlich
charakteristisch	notwendig	vorteilhaft
dankbar	nützlich	wesentlich
empfänglich	offen	zuständig
entscheidend	passend	wichtig

254   Adjektiv + *gegen*/Akkusativ

Mia ist sehr empfindlich *gegen* Kritik.
Aspirin ist gut *gegen* Grippe.

beständig	gleichgültig	isoliert
blind	gut	mißtrauisch
empfindlich	immun	streng

255   Adjektiv + *in*/Dativ

Klaus ist gut *in* Mathematik.

ähnlich	erfahren	gut
einig	geschickt	schlecht

256   Adjektiv + *in*/Akkusativ

verliebt

257   Adjektiv + *mit*/Dativ

Mit Richard war ich jahrelang befreundet.
Dr. Gorski war gar nicht einverstanden *mit* meinem Vorschlag.

befreundet	einverstanden	vergleichbar
behaftet	fertig	verheiratet
bekannt	gleichbedeutend	vertraut
beschäftigt	verbunden	verwandt
		zufrieden

258   Adjektiv + *über*/Akkusativ

Hier handelt es sich hauptsächlich um Adjektive, die Gemütsbewegungen ausdrücken:

Über meine maliziösen Bemerkungen war Irmtraut sehr böse.

ärgerlich	böse[1]	erfreut
befremdet	einig	erhaben
beschämt	entrüstet	erstaunt
bestürzt	entsetzt	froh
betroffen	entzückt	glücklich
		traurig

Adjektiv + *um*/Akkusativ   259

besorgt

Adjektiv + *von*/Dativ   260

Das ist nett *von* dir.

abhängig	entzückt	unabhängig
begrenzt	fern[2]	verlassen
besessen	frei	verschieden
betroffen	gerührt	verschont
entfernt	nett[2]	voll
enttäuscht	überzeugt	

Adjektiv + *vor*/Dativ   261

sicher

Adjektiv + *zu*/Dativ   262

Sei ein bißchen nett *zu* ihm!
Gottfried ist gut *zu* den Tieren.

aufgelegt	erforderlich	gehörig
bereit	fähig	gut[2]
böse	freundlich	verpflichtet
entschlossen	geeignet	nett[2]

---

1 Unterscheiden Sie: *böse auf* (bei Personen), *böse über* (bei Sachen).
2 Das Adjektiv steht nur vor der Präposition.

263 Adjektive mit attributivem Nebensatz

Diese Adjektive stehen immer vor dem zugehörigen Nebensatz:

Ich bin sehr traurig, daß ich den Termin absagen muß.

Adjektiv +*ob*-Satz

Ich bin sehr neugierig, ob er den Zug noch erreicht hat.

gespannt	ungeduldig	unsicher
neugierig	unschlüssig	

264 Adjektiv + Inf$_{zu}$[1]

Ich bin es leid, dich immer vergeblich um Hilfe bitten zu müssen.
Sie ist fähig, die Aufgabe in sehr kurzer Zeit zu bewältigen.

Einige Adjektive haben ein obligatorisches *es*- bzw. *da(r)*-Korrelat (dies steht in Klammern):

behilflich	entschlossen	leid (es)
berechtigt	fähig	müde (es)
bereit	frei	verpflichtet
beschäftigt (damit)	gezwungen	willens

265 Adjektiv + *daß*-Satz oder Inf$_{zu}$

Bei den folgenden Adjektiven können im Prinzip beide Nebensatzformen stehen. Wenn das Subjekt von Haupt- und Nebensatz identisch ist, dann steht meist der Inf$_{zu}$, sonst steht *daß*.

Edgar ist sehr stolz, mit einer guten Note bestanden zu haben.
Der Vater ist sehr stolz, daß der Sohn bestanden hat.

---

1 Adjektive haben keinen Infinitiv ohne *zu*.

angewiesen (darauf)	entrüstet (darüber)	gewohnt/gewöhnt (daran)
ärgerlich	entzückt	interessiert (daran)
bedacht (darauf)	erfreut	stolz
bestürzt	erstaunt	traurig
betroffen (darüber)	froh	überzeugt
einverstanden (damit)	gefaßt (darauf)	zufrieden

Modalpartikel

266 Man könnte die Überschrift auch nennen: Was wir meinen, wenn wir etwas sagen.
Stellen Sie sich bitte folgende Situation vor: Der Hund von Herrn A hat Herrn B gebissen. B beschwert sich, und nun antwortet A:

> Mein Hund mag es *nun mal* nicht, wenn man ihm zu nahe kommt.

Herr A hätte auch sagen können:

> Mein Hund mag es nicht, wenn man ihm zu nahe kommt.

Die Information wäre die gleiche. Aber warum verwendet er die Wörter *nun mal,* die auf den ersten Blick so gut wie gar nichts bedeuten? A hat in dieser Situation ein bestimmtes Ziel: Er möchte recht behalten, und er möchte keine lange Diskussion führen. Dieses Ziel erreicht er am besten dadurch, daß er Herrn B dazu bringt einzusehen, daß jeder Widerspruch sinnlos ist. *nun mal* drückt die Einstellung des Herrn A zu dem aus, was er selbst sagt, nämlich: Das ist so und nicht anders, da können Sie sagen, was Sie wollen.

267 *nun mal* gehört zu den sogenannten Modalpartikeln[1]. Diese werden besonders im gesprochenen Deutsch häufig verwendet. Und wozu braucht man sie? Wenn wir miteinander sprechen, dann tauschen wir nicht einfach nur Informationen aus. Wenn wir miteinander sprechen, wollen wir normalerweise etwas erreichen, wir haben bestimmte Interessen. Unser Partner hat ebenfalls Interessen, nicht immer sind es diejenigen, die wir haben. Indem wir sprechen, handeln wir, und wir handeln nicht nur miteinander, sondern auch gegeneinander. Wir wollen unseren Partner beeinflussen, und dieser will dasselbe mit uns tun. Unsere Sprechabsichten formulieren wir nicht immer deutlich. Das liegt u. a. auch daran, daß sie uns nicht immer klar bewußt sind. Modalpartikeln sind wichtige Indikatoren für das, was ein Sprecher mit dem, was er sagt, erreichen will. Sie zeigen aber auch seine eigene Einstellung zu dem, was er sagt.

---

1 Sie werden auch Abtönungspartikeln genannt.

Welche Einstellungen haben Sprecher, und was wollen sie erreichen? Nehmen **268**
wir eine weitere Situation. Herr C und Herr D sind alte Freunde und unterhal-
ten sich über frühere Zeiten.

> C: Meine berufliche Zukunft war in den 60er Jahren noch nicht gesichert, ich war *ja* damals
> Assistent bei Prof. YZ.

Mit der Modalpartikel *ja* macht Herr C folgendes deutlich: Er erzählt seinem
Freund nichts Neues, sondern er erinnert ihn nur an etwas Bekanntes. Derselbe Satz ohne *ja* würde signalisieren: Dies ist eine neue Information. Eine
ganz ähnliche Funktion hat *doch* in dem folgenden Beispiel:

> Du, heute ist *doch* Freitag, da könnten wir ins Kino gehen.

Natürlich weiß der Angesprochene, daß heute Freitag ist. Der Sprecher macht
mit *doch* deutlich, daß er ihn nur an etwas Bekanntes erinnern will.
Die Modalpartikel *denn* kommt fast nur in Fragesätzen vor:

> A: Telefon für dich!
> B: So? Wer *denn?*

Dieses *denn* wird meistens dann verwendet, wenn eine Unterhaltung einen
persönlichen, ungezwungenen Charakter hat. In umgangssprachlichen Situationen kann eine Frage ohne *denn* manchmal etwas unkonziliant und schroff
wirken, z. B. wenn B in dem obigen Beispiel so reagiert hätte: So? Wer? Aber
nicht alle Kommunikationssituationen sind von dieser Art.

Für die Modalpartikeln gelten folgende grammatische Besonderheiten: **269**
– Sie können in den meisten Fällen nicht betont werden.
  (falsch wäre: *Ich war já damals Assistent von ...)
– Die meisten von ihnen können nicht im Vorfeld (▷ § 308) stehen.
  (falsch wäre: *Ja war ich damals ...)
– Viele Modalpartikeln können nur in bestimmten Satztypen stehen, in anderen nicht. Z. B. steht *denn* meistens in Fragesätzen, *ja* und *nun mal* stehen
  nicht in Fragesätzen.
– Einige Modalpartikeln kommen auch kombiniert vor, z. B. *denn doch* und
  aber auch (Beispiele unten). Diese Kombinationen haben dann spezielle
  Bedeutungen.

270 Die wichtigsten Modalpartikeln

Wir erläutern hier die wichtigsten und häufigsten Modalpartikeln:

aber steht im Vorfeld und ist unbetont. Es steht in Ausrufesätzen und drückt Erstaunen und Überraschung des Sprechers aus:

> Fritz ist *aber* alt geworden!
> Nein, du bist *aber* groß geworden! (Sagt z. B. jemand zu einem Kind, das er drei Jahre nicht gesehen hat.)

aber steht häufig vor Adjektiven und bezieht sich auf die Größe oder die Art und Weise einer Sache/Person.
Eine andere Bedeutung hat *aber* zusammen mit *auch*. Hier drückt der Sprecher meist ein negatives Erstaunen aus:

> Du bist *aber auch* ein komischer Vogel! (oft an die 2. Person gerichtet)

Redewendungen, die man oft hört:

> Danke, das ist *aber* nett.
> Oh, das tut mir *aber* leid.

271 *auch* steht nicht im Vorfeld und ist unbetont. Es tritt auf:

(a) in *ja/nein*-Fragen[1] und drückt hier eine Besorgnis aus; der Fragende hofft, daß die Antwort *ja* ist (und *nein* in verneinten Fragen).
Beispiel: Prof. B. fährt zu einer Vortragsreise, seine Frau fragt ihn:

> Hast du *auch* dein Manuskript eingesteckt?

Auf der nächsten Reise fährt er mit dem Auto und nimmt seine Frau mit. Er hat es sehr eilig, und seine Frau fragt ihn:

> Fährst du *auch* nicht zu schnell?

(b) In *w*-Fragen[2] ist die Funktion von *auch* eine ganz andere. Hier gibt *auch* der Frage einen rhetorischen Charakter, d. h. der Fragende will gar keine Antwort haben.

> A: Fritz beeilt sich überhaupt nicht mit seiner Arbeit.
> B: Warum sollte er *auch?* Er hat doch noch ein Jahr Zeit.

(c) Im Ausrufesatz kommt *auch* meist zusammen mit *aber* vor (siehe oben).

---

1 *ja/nein*-Fragen sind Entscheidungsfragen: Es wird erfragt, ob ein Sachverhalt zutrifft oder nicht.
2 Das sind Fragen mit einem Fragepronomen (auch Ergänzungsfragen genannt). Diese beginnen mit *w*: *wer, was, wo, wann, warum* etc.

140

(d) Im Aussagesatz kommt *auch* meist zusammen mit *ja* vor:

> A: Fritz kann aber gut Spanisch!
> B: Der hat *ja auch* drei Jahre in Barcelona gelebt.

Der *ja-auch*-Satz liefert eine Erklärung für die vorhergehende Äußerung und zeigt gleichzeitig, daß A sich nicht zu wundern braucht.

denn steht nicht im Vorfeld und ist normalerweise unbetont. Es kommt vor in: **272**

(a) *w*-Fragen und *ja/nein*-Fragen. Es handelt sich dabei oft um Fragen, in denen der Fragende wirklich eine Antwort haben möchte. Außerdem haben diese Fragen den Charakter einer Reaktion auf eine sprachliche oder nicht-sprachliche Handlung oder auf eine Situation: Ein Vater bemerkt, daß sein dreijähriger Sohn ein Buch mit der Schere zerschneidet. Darauf der Vater: Sag mal, was machst du *denn* da?
Dieser Vater hat aber noch zwei andere Kinder. Eine halbe Stunde später tönt aus dem Kinderzimmer ein Höllenlärm. Er macht die Tür auf und fragt: Was ist *denn* hier los?
Oft reagiert man mit *denn* auch auf sprachliche Äußerungen:

> A: Du, wir sind zu einem Sommerfest eingeladen.
> B: Bei wem *denn*?[1]

In einer *ja-/nein*-Frage drückt *denn* ein Erstaunen aus.

> A: Ich versuche mal, bei Karin anzurufen.
> B: Ist die *denn* jetzt zu Hause?

(b) Im Aussagesatz tritt *denn* meist zusammen mit *doch* auf:

> Wir wollten vor 14 Tagen die Zugspitze besteigen. Ich bin aber nach drei Stunden umgekehrt.
> Das war mir *denn doch* zu anstrengend.

Der Sprecher zeigt, daß diese Beurteilung den Charakter einer Konsequenz hat. *doch* ist hier betont (weitere Bemerkungen zu *denn* stehen in § 268).

---

1 Es gibt auch eine betonte Variante von *denn*. Beispiel:
  A: *Du, wir sind eingeladen.*
  B: *Ach, bei Müllers?*
  A: *Nein, bei denen nicht.*
  B: *Bei wem dénn?*
Dieses *denn* bedeutet soviel wie: Wenn das nicht stimmt, was ich vorher glaubte, was stimmt dann?

273 *doch* ist eine Modalpartikel, die sehr unterschiedliche Funktionen hat. Sie ist meist unbetont und steht nicht im Vorfeld. *doch* tritt auf:

(a) in Aufforderungssätzen, die Sprechereinstellung ist sehr verschieden. Sie kann tröstend oder beruhigend sein:

> Nun verzweifle *doch* nicht gleich!

Zusammen mit *mal* kann *doch* ausdrücken, daß es sich um einen kleinen Gefallen handelt, den der Sprecher erwartet: Hilf mir *doch mal*! Zusammen mit *endlich* oder *immer* kommt ein ärgerlicher oder ungeduldiger Ton in die Aufforderung:

> Nun hör *doch endlich* auf mit deinem Gerede!
> Nimm mir *doch nicht immer* meine Bücher weg!

(doch endlich: bejahte Aufforderung;
doch nicht immer: verneinte Aufforderung.)
Diesen ärgerlichen Ton kann *doch* auch allein ausdrücken.

> A: Du stellst dich aber ungeschickt an!
> B: Dann mach's *doch* selber!

(b) In Ausrufesätzen drückt *doch* oft die Empörung des Sprechers aus:

> Das ist *doch* nicht zu fassen!
> Das ist *doch* die Höhe!

(c) *doch* kann den Charakter eines irrealen Wunschsatzes verstärken:

> Wenn dieser Kerl *doch* nicht immer so viel und so lange reden würde!

(Ein irrealer Wunsch ist ein Wunsch, der nicht erfüllt wird.)

(d) In *w*-Fragen drückt der Sprecher aus, daß er etwas vergessen hat und dies jetzt wieder wissen möchte (meist zusammen mit *gleich*):

> Verzeihen Sie, wie war *doch gleich* Ihr Name?

(e) Auch in Aussagesätzen hat *doch* sehr verschiedene Funktionen. Der Sprecher appelliert an das gemeinsame Vorwissen:

> A: Wieso kommst du jetzt erst?
> B: Ich hab' dir *doch* gesagt, daß es heute spät wird im Büro.

In der Kombination *doch wohl* wird eine Befürchtung und zugleich die Hoffnung, daß diese Befürchtung unbegründet sei, ausgedrückt:

> Wieso ist Fritz immer noch nicht da? Ihm wird *doch wohl* nichts passiert sein.

doch wohl kann aber auch etwas ganz anderes ausdrücken, nämlich eine ungeduldige Erwartung:

A: Tschüß, Liebling, ich habe heute abend leider noch eine wichtige Sitzung im Institut.
B: Du wirst *doch wohl* einen Abend im Monat mal mit mir verbringen können. (Hier könnte man auch *ja wohl* sagen.)

(*doch nur* siehe *nur* in § 275; *denn doch* siehe *denn* in § 272.)

eben ist unbetont[1] und steht nicht im Vorfeld. In Süddeutschland verwendet **274** man für *eben* vielfach *halt*. *eben* kommt vor:

(a) in Aussagesätzen. Beispiel: Professor B. hat an einem Tag 50 Zigaretten geraucht und bekommt nun am Abend einen Hustenanfall. Darauf seine Frau:

> Du solltest *eben* nicht so viel rauchen.

eben drückt aus, daß die Sprecherbehauptung ohne ernsthaftes Gegenargument ist. Sätze wie dieses Beispiel klingen gelegentlich etwas rechthaberisch.

(b) in Aufforderungssätzen.

> A: Ich kann diese Arbeit heute wirklich nicht mehr machen.
> B: Dann laß es *eben*!

Das soll heißen: Es gibt keine sinnvolle Alternative zu dieser Aufforderung.

eigentlich: Ob *eigentlich* zu den Modalpartikeln gehört, darüber kann man **275** streiten, aber wir wollen das nicht tun. *eigentlich* kann im Vorfeld stehen und ist dort auch betont.

> *Eigentlich* sollte ich zu Bett gehen. Ich tue es aber nicht.

Im Mittelfeld ist *eigentlich* oft nicht betont. Es kommt vor:

(a) in *ja/nein*-Fragen und *w*-Fragen:

> Sag mal, wie heißt du *eigentlich*?[2]
> Besucht er dich *eigentlich* regelmäßig?

In solchen Fragen möchte der Fragende wirklich etwas wissen. Die Frage selbst wirkt weniger offiziell und hat einen eher beiläufigen Charakter. Oft bekommt das Gespräch in solchen Fragen eine andere Richtung (in Fragen mit *denn* ist dies nicht der Fall).

---

1 Zu unterscheiden ist hier die betonte Variante *ében,* die eine Zustimmung bedeutet. *eben nicht* (mit unbetontem *eben*) markiert einen starken Widerspruch.
2 Hiervon ist zu unterscheiden das betonte *éigentlich:*
   Alle nennen ihn Fuzzy, aber wie heißt er eigentlich? (in Wirklichkeit)

(b) im Aussagesatz; hier ist *eigentlich* meist betont. Die Feststellung ist meistens bedeutungsvoll, man sagt also nicht:

> *Eigentlich regnet es.

Aber man sagt z. B.:

> Wir könnten *eigentlich* eine Pause machen.

Ein Einwand klingt durch *eigentlich* nicht ganz so hart:

> A: Hast du Lust, mit ins Kino zu kommen?
> B: Ich habe *eigentlich* keine besondere Lust.

276   *ja* steht nicht im Vorfeld und ist bis auf eine Ausnahme unbetont.[1] Es steht:

(a) in Ausrufesätzen:

> Mensch, du blutest *ja!*

Hier drückt es ein Erstaunen des Sprechers aus; dies kann positiv oder negativ sein.

(b) in Aussagesätzen: Hier hatten wir schon in der Einleitung ein Beispiel genannt. Ein weiteres:

> A: Kannst du dich nicht etwas beeilen?
> B: Ich bin *ja* schon fast fertig.[2]

Das soll heißen: Die Aufforderung von A ist eigentlich überflüssig und wird als etwas lästig empfunden.

(*ja auch* siehe *auch* in § 271.)

277   *mal* steht nicht im Vorfeld und ist unbetont. Es kommt vor in:

(a) Imperativsätzen: Komm *mal* her! In Imperativen wie Sag *mal!* oder Hör *mal!* erscheint es fast immer. Es gibt der Aufforderung eine verbindliche Note und zeigt an, daß vom Partner nur die Erfüllung einer kleinen Bitte erwartet wird.

---

1 In Drohungen und Warnungen gibt es ein betontes *já*: Laß das *já* bleiben!
2 Man könnte hier auch antworten: *Ich bin dóch schon fast fertig.*
  Dann bekommt die Äußerung aber den Charakter eines Widerspruches, während sie mit *ja* eher defensiv klingt.

(b) Das gleiche gilt für *ja/nein*-Fragen, die zusammen mit *mal* meist einen Aufforderungscharakter haben:

Kannst du mir *mal* deinen Bleistift leihen?

nun mal haben wir in § 266 behandelt. Es kommt nur in Aussagesätzen vor, ist **278** unbetont und steht nicht im Vorfeld.

nur ist meistens unbetont[1] und steht nicht im Vorfeld. Für *nur* kann man **279** normalerweise auch *bloß* einsetzen. *nur* erscheint:

(a) in *w*-Fragen:

Klaus müßte schon längst da sein. Wo bleibt er *nur*?
Wo habe ich *nur* meine Brille hingelegt?

Dies sind Fragen, die man aus einer gewissen Besorgnis heraus stellt. Es können wie im zweiten Beispiel auch solche Fragen sein, die man an sich selbst stellt.

(b) in irrealen Wunschsätzen:

Wenn *doch nur* schon Freitag wäre! (oft zusammen mit *doch*)

(c) in Aufforderungssätzen:

A: Darf ich Sie einen Moment sprechen?
B: Kommen Sie *nur* herein!

Dies ist eine echte Aufforderung mit meist freundlichem Charakter. Sie hat eine ermunternde Wirkung.

(d) im Aussagesatz, meist mit *sollen:*

Der soll *nur* herkommen!
Das soll er *nur* machen.

Solche Aufforderungen sind meist ironisch gemeint, d. h. der Sprecher meint in Wirklichkeit, daß der andere das Gegenteil der Aufforderung tun sollte.

---

1 In Warnungen oder Drohungen ist *nur* betont:
A: *Soll ich ihn anrufen?*
B: *Núr nicht!*

280   *schon* ist nicht betont und steht nicht im Vorfeld. Es steht:

(a) in Aussagesätzen und hat hier zwei Funktionen:

> A: Wo bleibt Klaus nur?
> B: Dem wird *schon* nichts passiert sein.

Hier handelt es sich um eine Vermutung (meist im Futur), die den Partner beruhigen soll. Mit *schon* kann man aber auch Behauptungen des Partners einschränken:

> Du hast *schon* recht, aber...

(b) in Aufforderungen:

> Komm *schon* her!

oder:

> Nun komm *schon!*

(Die Einleitung mit *nun* ist sogar sehr häufig.) Der Sprecher drückt mit *schon* seine Ungeduld aus.

(c) in *w*-Fragen:

> A: Wer hat angerufen?
> B: Wer soll das *schon* gewesen sein, natürlich mal wieder deine Mutter.

Mit einer solchen Frage (der mit *schon*) reagiert man auf eine andere *w*-Frage, die der Partner gestellt hat, und macht ihm deutlich, daß er sich die Frage auch selbst beantworten oder daß er auf seine Frage keine informative Antwort erwarten kann.

281   *überhaupt* kann im Vorfeld stehen und ist dort auch betont:

> *Überhaupt solltest du etwas weniger rauchen.*

In Aussagesätzen ist es auch im Mittelfeld betont, in den übrigen Fällen ist es nicht betont. Es erscheint:

(a) in *ja/nein*- und *w*-Fragen:

> Haben Sie *überhaupt* Abitur?

Hier will der Sprecher den Partner vor ein grundsätzliches Problem stellen; solche Fragen klingen nicht selten aggressiv. *überhaupt* ist hier nicht betont.

(b) In Aussagesätzen hat *überhaupt* zwei Funktionen. Es verstärkt eine Verneinung:

> Das hat *überhaupt* nichts damit zu tun.

Oder es verstärkt eine allgemeine Bewertung einer Person oder Situation:

> Peter ist *überhaupt* ein gutmütiger Kerl.

vielleicht steht nicht im Vorfeld und ist auch nicht betont. Es erscheint: **282**

(a) in Ausrufesätzen und drückt wie *aber* ein Staunen des Sprechers aus:

> Mensch, du bist *vielleicht* naiv!

Hier wäre auch *aber* möglich. Wenn es sich dagegen um Vergangenes handelt, verwendet man eher *vielleicht*:

> Der hat sich *vielleicht* gewundert!

(b) in *ja/nein*-Fragen, die die Funktion einer Aufforderung haben:

> Würden Sie mir *vielleicht* erklären, weshalb Sie mich hierherbestellt haben?

Sagt z. B. ein Bürger, den man zu einer Behörde bestellt hat und der nicht recht weiß, was er dort soll, und nun seine Ungeduld oder Empörung ausdrückt.

wohl ist nicht betont und steht auch nicht im Vorfeld. Es steht: **283**

(a) in Aussagesätzen und drückt dort eine Vermutung aus:

> Der Chef hat *wohl* schlecht geschlafen.

Es kann auch in Kombination mit *doch* vorkommen (siehe *doch*). Eine Äußerung, die man häufig hört und die zustimmenden Charakter hat:

> Das kann man *wohl* sagen.

(b) In *ja/nein*-Fragen verstärkt *wohl* den Charakter einer Warnung oder Drohung:

> Wirst/Willst du *wohl* still sein!

Präposition

284 Das Wort „Präposition" kommt wie viele andere grammatische Begriffe aus dem Lateinischen. In diesem Falle ist es einmal ganz nützlich zu wissen, was dieses Wort eigentlich bedeutet. *prä-* heißt ‚vor' und *-position* kommt von dem lateinischen Verb *ponere,* das ‚legen, setzen, stellen' bedeutet. Eine Präposition ist also ein Wort, das *vor* ein anderes Wort *gestellt* wird. Diese anderen Wörter sind in den meisten Fällen Substantive und Pronomina. Präpositionen bestimmen den Kasus des Wortes, vor dem sie stehen. Damit ist genau dasselbe gemeint, wie wenn man z. B. sagt: *mit* hat (oder regiert) den Dativ.

285 Präpositionen fordern nicht nur einen bestimmten Kasus; sie selbst werden in bestimmten Fällen ebenfalls gefordert, und zwar von anderen Wortarten, nämlich Verben, Substantiven und Adjektiven. In den entsprechenden Kapiteln dieser Grammatik kommt jeweils ein Abschnitt vor, in dem die Präpositionen zusammengestellt sind, die mit Verben (▷ §§ 98–121), Substantiven (▷ §§ 187–206) und Adjektiven (▷ §§ 247–262) vorkommen. Deshalb soll von dieser Verwendung der Präpositionen hier nicht mehr die Rede sein. Zur Erinnerung aber noch ein Beispiel:

> sich freuen
> die Freude ⎱ über den Besuch
> froh sein

286 Ausnahmen gibt es aber, wie in den meisten Bereichen der Grammatik, auch hier: In bestimmten Fällen fordern Präpositionen keinen Kasus, nämlich dann nicht, wenn sie vor prädikativen Adjektiven oder vor Adverbien stehen, denn beide haben keinen Kasus:

> Dieser Mensch hält mich wohl *für* verrückt!
> Gehen Sie doch bitte drei Schritte *nach* links!

Präpositionen stehen in einigen Fällen auch hinter dem Wort, das sie regieren:

> *Seinen Eltern zuliebe* begann Florian das Studium der Pharmazie.

Solche Präpositionen, die nicht vor einem Wort, sondern danach stehen, heißen Postpositionen (lat. *post* = ‚nach').
Und schließlich gibt es Präpositionen, die aus mehreren Wörtern bestehen,

sogenannte mehrteilige Präpositionen. Hier muß man unterscheiden zwischen solchen, wo beide Teile vor dem regierten Wort stehen:

Carlo fuhr mich *bis vor* die Haustür.

und solchen, bei denen ein Teil vor dem regierten Wort und der andere danach steht:

Um des lieben Friedens *willen* verzichtete ich auf weitere Diskussionen.
Von Montag *an* gelten die neuen Preise.

Präpositionen und ihre Kasus   287

(In den folgenden Listen bedeutet der Zusatz (schr.): Diese Präpositionen sind in der geschriebenen Sprache häufiger als in der gesprochenen.)

Präpositionen mit dem Akkusativ

bis	für	ohne	wider[1]
durch	gegen	um	

Bis nächsten Montag muß die Arbeit fertig sein.
Ohne deinen Rat wäre die Sache schief gegangen.
Der Weg führt *um* den See.

Präpositionen mit dem Dativ   288

außer	gegenüber	(mit)samt	zu
bei	gemäß (schr.)	nach[2]	zufolge (schr.)
binnen (schr.)	laut (schr.)	seit	zuliebe
entgegen (schr.)	mit	von	zuwider
entsprechend (schr.)			

Ich war völlig *außer* mir.
Gegenüber der Polizei behauptete er, mich nicht zu kennen.
Der Auftrag wird *binnen* drei Tagen ausgeführt.

---

1 Kommt u. a. vor in den Verbindungen *wider Erwarten, wider besseres Wissen.*
2 Die Ausdrücke *nach und nach* sowie *nach wie vor* sind Adverbien und keine Präpositionen.

289 Präpositionen mit dem Dativ oder dem Akkusativ

an	*in*	*unter*
auf	*neben*	*vor*
hinter	*über*	*zwischen*

Diese Gruppe von Präpositionen wird manchmal auch „Wechselpräpositionen" genannt, weil bei ihnen der Kasus je nach dem Verb wechselt. Die „Verben der Bewegung" haben dabei den Akkusativ, Verben mit einer statischen Bedeutung den Dativ. Vergleichen Sie:

> Ich lehnte das Fahrrad *an die* Wand. – Das Fahrrad steht *an der* Wand.
> Der Ball flog *hinter das* Tor. – Der Ball liegt *hinter dem* Tor.
> Fritz setzt sich immer *zwischen die* Stühle. – Fritz sitzt immer *zwischen den* Stühlen.

Dieser Wechsel des Kasus liegt also dann vor, wenn es um räumliche Verhältnisse geht. Anders liegt der Fall bei den Verben, Substantiven und Adjektiven mit Präposition: In *denken an* hat *an* immer den Akkusativ, und in *Furcht vor* hat *vor* immer den Dativ – ein Kasus wechselt in solchen Fällen überhaupt nicht, und es existieren hier auch keine räumlichen Verhältnisse.

290 Präpositionen mit dem Genitiv

Sie kommen besonders oft in der geschriebenen Sprache vor und sind deshalb für das Leseverstehen wichtig. Auch in der folgenden Übersicht verwenden wir die Abkürzung (schr.).

abzüglich (schr.)	infolge (schr.)	trotz
angesichts (schr.)	inklusive	um ... willen
anhand (schr.)	inmitten	unbeschadet (schr.)
anläßlich	innerhalb	ungeachtet (schr.)[2]
anstatt	jenseits	unterhalb
anstelle	kraft (schr.)	unweit
aufgrund (schr.)	längs	während
außerhalb	mangels[1]	wegen[3]
beiderseits	mittels	zeit
bezüglich (schr.)	oberhalb	zugunsten
einschließlich	seitens (schr.)	zuzüglich (schr.)
halber	statt	zwecks
hinsichtlich		

Infolge einer längeren Krankheit mußte ich das 3. Schuljahr wiederholen.

Zeit seines Lebens hat er in Düsseldorf gewohnt.

Der Verdächtige wurde *mangels* Beweises freigesprochen.

Statt eines Blumenstraußes brachte Wolfgang seiner Freundin eine stachelige Kaktee mit.

Sein Haus liegt *inmitten* grüner Wiesen.

Für die Verwendung dieser Präpositionen gelten einige Ausnahmen. Bei *abzüglich, inklusive* und *zuzüglich* hat das Substantiv meist kein Kasus-merkmal:

abzüglich 2% Skonto

inklusive Mehrwertsteuer

Man gebraucht den Dativ anstelle des Genitivs, wenn das abhängige Substantiv oder die Substantivgruppe kein Kasuskennzeichen hat. Vergleichen Sie:

Innerhalb ein*es* Monats / wenig*er* Wochen verschlechterte sich ihr Gesundheitszustand. (Genitiv)

Innerhalb fünf Tagen erhalten Sie Antwort. (Dativ)

Auch dann, wenn man die Aufeinanderfolge zweier Genitive vermeiden möchte, nimmt man statt des Genitivs den Dativ:

Wegen Karls altem Auto konnten wir nur sehr langsam fahren.

---

1 Jedoch: *mangels besserem.*

2 Es erscheint z. B. in Wendungen wie *dessen ungeachtet* (oder: *ungeachtet dessen*).

3 Beachten Sie die besonderen Formen mit *-t-* bei Personalpronomina: *meinetwegen, deinetwegen, seinetwegen, uns(e)retwegen, euretwegen, ihretwegen.*

291 Stellung der Präposition

Präpositionen stehen meistens vor dem Wort, das sie regieren. Einige von ihnen, die sogenannten Postpositionen (▷ § 286) stehen jedoch danach. Immer nach dem Bezugswort stehen:

> *halber* (Gen.), *zufolge* (Dat.), *zuliebe* (Dat.), *zuwider* (Dat.)

> Der Einfachheit *halber* brachte er seinen Brief gleich mit.

Die folgenden Postpositionen sind zugleich auch Präpositionen, sie können nämlich nach- und voranstehen;[1] es gibt keinen Bedeutungsunterschied zwischen Voran- und Nachstellung:

entgegen (Dat.)	gegenüber[3] (Dat.)	wegen (Gen.)
entlang (Akk., Dat.)[2]	gemäß (Dat.)	ungeachtet (Gen.)
entsprechend (Dat.)		zugunsten[4] (Gen., Dat.)

> Es wurde *gemäß* den Bestimmungen / den Bestimmungen *gemäß* gehandelt.
> Paul handelte *entgegen* meinem Auftrag / meinem Auftrag *entgegen*.[5]

292 Präpositionen, die man leicht verwechselt

Ob man bei einer bestimmten Präposition ein Substantiv und/oder einen Ortsnamen verwenden kann, ob Präpositionen zeitliche oder räumliche Bedeutungen haben oder beides – das ist genau geregelt, und dieses Regelsystem ist reichlich kompliziert. Wir wollen Ihnen helfen, etwas mehr Übersicht über die Benutzung von Präpositionen zu gewinnen, die einander sehr ähnlich sind. Man verwechselt z. B. leicht *hinter* mit *nach* und *nach* mit *zu*.

---

1 In bestimmten Bedeutungen ist auch *nach* Postposition (▷ § 296).
2 Als Postposition mit Akk.: *Die Straße führt den Fluß entlang.*
   Als Präposition mit Dativ: *Entlang dem Weg läuft ein Zaun.*
   Entlang ist häufiger Postposition.
3 Bei Personalpronomina fast immer Postposition: *Mir gegenüber* hat er etwas anderes behauptet.
4 Als Präposition mit Gen., vor Substantiven, als Postposition mit Dat. vor Personalpronomina:
   Er verzichtete zugunsten seiner Schwester. – Ihr zugunsten verzichtete er.
5 Bei räumlicher Bedeutung nur Postposition: *Klaus lief seinem Vater entgegen.*
6 Bei Datumsangaben und Wochentagen kann *zu* auch die Bedeutung *bis* haben:
   Zum 22. September soll ich die Arbeit fertig haben.
7 D. h. mit Richtungsbedeutung, wie sie die Präpositionen bei den Verben der Bewegung haben.

	hinter	nach	zu
zeitlich (a) gleichzeitig	·/·	·/·	Herzliche Glückwünsche *zum* Geburtstag! Bleib doch *zum* Abendessen! (Feste und Mahlzeiten)[6]
(b) „später als"	·/·	*nach* Ostern; *nach* meinem Geburtstag; *nach* 13 Uhr; 5 Minuten *nach* 3	·/·
räumlich-statisch	Der Garten liegt *hinter* dem Haus. (Substantive und Pronomina)	·/·	·/·
räumlich-direktional[7] (a) bei Adverbien, Orts- und Ländernamen	·/·	Ich gehe mal *nach* oben. Der Zug fährt *nach* Köln. Kommst du mit *nach* Spanien?	·/·
(b) bei Substantiven und Pronomina	·/·	·/·	Komm *zu* mir! Ich gehe *zur* Haltestelle.
(c) bei Substantiven und Pronomina; mit dem Resultat: etwas ist hinter etwas	Der Ball flog *hinter* das Tor.	·/·	·/·

153

293 Es ist außerdem schwierig, *bei, an* und *neben* auseinanderzuhalten.

	bei	an	neben
räumlich-direktional	·/·	(siehe § 294)	
räumlich-statisch			
bei geographischen Namen			
(a) Flüsse, Gebirge	·/·	Köln *am* Rhein, Seesen *am Harz*	·/·
(b) kleiner Ort / großer Ort	Wentorf *bei* Hamburg	·/·	·/·
zeitlich			
(a) besondere Ereignisse	*Bei* dem Eisenbahnunglück gab es einige Verletzte.	·/·	·/·
(b) Datumsangaben, Wochentage, Tageszeiten	·/·	*am* 28. Mai[1] *am* Montag *am* Abend[2]	·/·
vor Autorennamen	*Bei* Goethe heißt es: …	·/·	·/·

294 Die Bedeutung von *an* im Gegensatz zu *bei* und *neben* kann man sich gut an den folgenden Beispielen klarmachen:

Die Lampe hängt *an* der Decke.
Das Fahrrad lehnt *an* der Mauer.

---

1 Bei Monatsnamen ohne Datumsangaben steht *in: im Dezember 1982.*
2 Außerdem: *am Anfang, am Ende.* In Süddeutschland sagt man auch: *an Ostern/Weihnachten.*

Das Fahrrad und die Lampe befinden sich nicht nur in unmittelbarer räumlicher Nähe zur Mauer und zur Decke, es besteht auch ein funktionaler Zusammenhang zwischen Lampe und Decke sowie zwischen Fahrrad und Mauer: Ebenso wie die Lampe die Decke zum Hängen braucht, kann das Fahrrad ohne die Mauer nicht lehnen. Man kann also nicht sagen:

*Das Fahrrad lehnt neben/bei der Mauer.

Der Unterschied zwischen *bei* und *neben* ist folgender: *neben* ist präziser als *bei*. *neben* steht im Gegensatz etwa zu *vor* oder *hinter*. Wer *neben* mir steht, der kann nicht gleichzeitig *vor* mir stehen. Dagegen ist *bei* sowohl *vor, hinter* und *neben*. *bei* benutzt man oft dann, wenn man eine räumliche Nähe gar nicht präzisieren kann, wie in den folgenden Fällen:

Manuel wohnt nicht mehr *bei* seinen Eltern.

Herr Bebenhausen ist Abteilungsleiter *bei* der Handelsbank.

Andere Bedeutungen von *bei*, *nach* und *zu*   **295**

bei (Dativ)

(1) temporale oder konditionale Bedeutung (*als* oder *wenn*):

Bei seiner Abreise habe ich ihn noch kurz gesprochen. (= Als er abreiste, ...)[1]
Bei Nordwind wird es in meinem Arbeitszimmer nicht richtig warm. (= Wenn der Wind aus Norden weht, ...)[2]

(2) konzessive Bedeutung (= *trotz, obwohl*):

Ich kann es *beim* besten Willen nicht verstehen, daß du mich nicht gleich angerufen hast. (= trotz besten Willens)
Bei aller Freundschaft – das hättest du nicht tun dürfen. (= Ich muß dir das sagen, obwohl du mein Freund bist.)[3]

(3) Begleitumstände:

bei Kräften / guter Gesundheit sein
bei Tageslicht arbeiten

Verben mit *bei* ▷ § 103, Substantive ▷ § 191, Adjektive ▷ § 252.

---

1 Temporalsätze ▷ §§ 383 ff.
2 Konditionalsätze ▷ §§ 371 ff.
3 Konzessivsätze ▷ §§ 375 ff.

296 *nach* (Dativ)

Hat oft die Bedeutung *entsprechend*:

> Allem Anschein *nach* wird es bald regnen.
> *Nach* menschlichem Ermessen hätte die Sache schiefgehen müssen.
> Es geht ganz *nach* Wunsch.
> Es muß immer *nach* ihrem Willen gehen.
> Dem Sinn *nach* hat er folgendes gesagt ...
> Seinem Dialekt *nach* kommt er aus Schwaben.
> Ich kenne Frau Wurzel nur dem Namen *nach*, nicht persönlich.
> *Nach* geltendem Recht wird Bigamie bestraft.
> Schnitzel *nach* Mailänder Art
> einen Anzug *nach* Maß arbeiten

nach ist Postposition in folgenden Wendungen:

> dem/allem Anschein *nach*,
> dem Sinne *nach*,
> der/seiner Sprache *nach*,
> dem Namen *nach*.

Prä- oder Postposition ist es in den folgenden Wendungen:

> *nach* meiner Ansicht/Auffassung/Meinung
>   meiner Ansicht/Auffassung/Meinung *nach*
> *nach* aller Wahrscheinlichkeit
>   aller Wahrscheinlichkeit *nach*

nach bei Verben ▷ § 109, bei Substantiven ▷ § 196.

297 *zu* (Dativ)

(1) finale Bedeutung (= der Zweck einer Handlung):

> Das Fest wurde mir *zu* Ehren veranstaltet.[1]

(2) quantitative Verhältnisse:

> Ich habe die Arbeit erst *zu* einem Drittel / *zur* Hälfte fertig.
> Wir saßen *zu* fünft in meinem VW.

(3) modale Bedeutung (die Art, in der etwas geschieht):

> Die Arbeit wurde *zu* meiner Zufriedenheit ausgeführt.
> Mein Obsthändler verkauft seine Zitronen *zu* sehr niedrigen Preisen.

---

1 Finalsätze ▷ § 374.

(4) resultative Bedeutung:

> Erwin fuhr sein neues Auto gleich am ersten Tag *zu* Schrott.[1]

zu bei Verben ▷ § 115, bei Substantiven ▷ § 201, bei Adjektiven ▷ § 262; Funktionsverbgefüge mit *zu* ▷ §§ 142 f.

Andere Präpositionen   298

auf

(1) räumlich-statisch (Dativ):

> *Auf* dem Schreibtisch lag ein Stapel unerledigter Post.

(2) räumlich-direktional (Akk.):

> Leg den Koffer *auf* den Tisch!

(3) modal (Akk.):

> Die Tabletten muß man *auf* nüchternen Magen einnehmen.

(4) temporal oder konditional (= *als, wenn;* meist mit Nullartikel):

> *Auf* Befragen erklärte der Briefträger, er habe zwei verdächtige Gestalten gesehen.
> (= als man ihn befragte, ...)
> Der Katalog wird Ihnen *auf* Anforderung zugesandt.[2] (= wenn Sie ihn anfordern)

auf bei Verben ▷ §§ 100 f., bei Substantiven ▷ § 189, bei Adjektiven ▷ §§ 250 f.

aus (Dativ)[3]   299

(1) räumlich-direktional: eine Bewegung, die einen Bereich verläßt:

> Herrn Brandmeier wachsen Haare *aus* den Ohren.
> Ich komme soeben *aus* Lübeck / Frankreich / der Schweiz.[4] (bei Orts- und Ländernamen)

---

1 Vgl. auch den Ausdruck: *etwas geht zu Bruch* (= kaputt gehen). Vorsicht: *zu* kann man nicht in jedem Falle in der Bedeutung wie im Beispiel oben verwenden.
  Vgl.: *Erwin riß das Manuskript in Fetzen.*
2 Auch in den Wendungen: *auf Wunsch, auf Verlangen.*
3 *von mir aus* ist eine Wendung der gesprochenen Sprache und bedeutet: *Ich habe nichts dagegen* (aber es interessiert mich auch nicht besonders).
4 Bei Adverbien heißt es jedoch *von: Ich komme von dort.*

(2) materielle Beschaffenheit einer Sache:

> Der Pullover ist *aus* Baumwolle.
> Der Ring ist *aus* Gold.

(3) räumliche oder zeitliche Herkunft von Personen und Sachen:

> Franz Xaver ist *aus* Landsberg am Lech.
> Die Orangen sind *aus* Israel.
> Mein Freund besitzt eine Madonna *aus* dem 18. Jahrhundert.

(4) kausal:

> *Aus* lauter Dankbarkeit überwies der Herr Direktor 10 000 Mark auf mein Konto.[1]

aus bei Verben ▷ § 102, bei Substantiven ▷ § 190.

300 ***in***

(1) räumlich-statisch (Dativ):

> *In* meinem Portemonnaie sind keine 20 Mark mehr.

(2) räumlich-direktional (Akk.):

> Du könntest das Lexikon wieder *ins* Regal stellen, wenn du es benutzt hast.

(3) temporal (Dativ):

    (a) innerhalb eines Zeitraumes:

> *In* 14 Tagen bin ich bei dir.

    (b) Gleichzeitig:

> *Im* letzten Augenblick sprang ich auf den Zug.
> *Im* Juli 1983 war es sehr heiß.
> Meine Freunde und ich machten *im* Jahre 1964 Abitur.[2]

(4) modal (Dativ):

    (a) bei Farben:

> *In* Blau gefällt mir dieser Wagen besonders.

    (b) in den Wendungen:

> *in* Kraft sein, *in* Betrieb sein; (mit Nullartikel in den Varianten (a) und (b); Nullartikel ▷ § 210).

    (c)   Er kam *in* der Absicht, mir einen Gefallen zu tun.

---

1 Den Unterschied zwischen *aus* und *vor* (kausale Bedeutung) erklären wir unter *vor* (▷ § 305). (Kausalsätze ▷ §§ 369 f.)
2 *in* steht nicht, wenn das Wort *Jahr* fehlt. *Ich machte 1964 Abitur.* (Temporalsätze ▷ §§ 383 ff.)

in bei Verben ▷ §§ 106 f., bei Substantiven ▷ § 194, bei Adjektiven ▷ § 255, Funktionsverbgefügen ▷ §§ 141, 144.

301

mit (Dativ)

(1) instrumental:

> *Mit* Speck fängt man Mäuse. (Sprichwort)

(2) = ‚in Begleitung einer Person‘:

> Frau Huber ging *mit* ihrem Mann zum Rechtsanwalt.

(3) modal:

> Das Motorrad fuhr *mit* überhöhter Geschwindigkeit in die Kurve.
> *Mit* rotem Kopf verließ Rolf den Raum.
> Ihr Schreiben habe ich *mit* Interesse gelesen.[1]

(4) zeitlich:

> *Mit* 56 Jahren ging unser Hausmeister in den Ruhestand.
> *Mit* dem Startschuß setzten sich die Segelboote in Bewegung.

(5) konditional (= wenn):[2]

> *Mit* etwas Glück müßte er gewinnen. (= wenn er etwas Glück hat, ...)

(6) nach *mit* steht die besondere Eigenschaft oder Ausstattung von Menschen, Tieren und Dingen:

> ein Mann *mit* einer dicken Hornbrille
> ein Kalb *mit* zwei Köpfen
> Einen Kaffee *mit* Sahne, bitte!
> ein Auto *mit* vier Türen

mit bei Verben ▷ § 108, bei Substantiven ▷ § 195, bei Adjektiven ▷ § 257.

---

1 Ebenso in den Wendungen: *mit Freude, mit Dank, mit Bedauern*. Ein bestimmter Artikel steht in diesen Wendungen nur dann, wenn vor dem Substantiv ein Adjektiv im Superlativ steht: *mit dem größten Bedauern* (aber: *mit großem Bedauern*).
2 Konditionalsätze ▷ §§ 371 ff.

Präposition

302 *über*

(1) räumlich-statisch (Dativ): Eine Sache befindet sich in einer höheren Lage als eine andere:

> Eine Mücke summt *über* meinem Kopf.

(2) räumlich-direktional (Akk.):

> Dagobert sprang mit einem Satz *über* den Zaun.

(3) Station einer Strecke oder Reise (Akk.):

> Der Intercity fährt *über* Osnabrück.

(4) = „mehr als":

> Für eine Dreizimmerwohnung zahlt man leicht *über* 1000 Mark Miete im Monat.
> *Über* eine Viertelstunde mußten wir auf den Bus warten.

Über bei Verben ▷ § 111, bei Substantiven ▷ § 197, bei Adjektiven ▷ § 258.

303 *unter*[1]

(1) räumliches Verhältnis: Eine Sache befindet sich in einer tieferen Lage als eine andere.

(a) räumlich-statisch (Dativ):

> *Unter* der Brücke spürten wir nicht viel vom Regen.

(b) räumlich-direktional (Akk.):

> Wir liefen schnell *unter* ein Hausdach.

(2) gleichbedeutend mit *zwischen:*

(a) räumlich-statisch (Dativ):

> Nach dem Tode des Großvaters gab es Streit *unter* den Erben.

(b) räumlich-direktional (Akk.):

> Der Detektiv mischte sich unauffällig *unter* die Zuhörer.

(3) modal (Dativ):

> *Unter* Buh-Rufen mußte die Vorstellung abgebrochen werden.

---

1 In Süddeutschland gibt es auch ein temporales *unter: unter der Woche = in der Woche* (d. h. von Montag bis Freitag).

160

(4) konditional, hier meist in der Wendung *unter der Voraussetzung*:

> Das Finanzamt erließ mir den Säumniszuschlag *unter* der Voraussetzung, daß ich meine Steuern sofort überweise.

(5) gleichbedeutend mit *weniger als*:

> Fabian sucht ein Zimmer *unter* 200 Mark.

(6) in der Wendung *unter der Leitung*:

> Die Berliner Philharmoniker spielten *unter* der Leitung von Herbert von Karajan.

unter bei Verben ▷ § 112.

von (Dativ)   **304**

(1) räumlich-direktional:

> Wir fuhren an einem Tag *von* Hamburg bis Garmisch.

(2) temporal:

> Der Erste Weltkrieg dauerte *von* 1914 bis 1918.

(3) qualitativ:

> Edgar ist ein Mann *von* Format.
> Das Tessin ist eine Landschaft *von* seltener Schönheit.

(4) der Urheber einer Sache (Autor, Komponist, Maler etc.):

> Die „Ungarischen Tänze" sind *von* Brahms.

von bei Verben ▷ § 113, bei Substantiven ▷ § 199, bei Adjektiven ▷ § 260; *von* beim Passiv ▷ § 90.

vor   **305**

(1) räumlich-statisch (Dativ):

> Mein neuer VW steht *vor* der Haustür.

(2) räumlich-direktional (Akk.):

> Der Kerl stellte sich *vor* mich, so daß ich nichts sehen konnte.

(3) zeitlich, mit der Bedeutung ‚früher als' (Dativ):

> Gestern *vor* zwei Jahren fand ich die Liebe meines Lebens.

(4) kausal:

> Elvira wurde rot *vor* Wut.[1]
>
> Meine Hände liefen *vor* Kälte ganz blau an.

vor bei Verben ▷ § 114, bei Substantiven ▷ § 200, bei Adjektiven ▷ § 261. Präposition + bestimmter Artikel = Kontraktionsartikel, ▷ § 213; *da(r)* + Präposition ▷ § 120 f.

---

1 *vor* und *aus* haben beide eine kausale Bedeutung, und trotzdem kann man sie nicht austauschen. Nach *aus* steht ein menschliches Gefühl, das als Erklärung für eine geplante Handlung dient: *Aus Neid stahl Egon seinem Konkurrenten ein Manuskript.* (Das Stehlen ist eine geplante Handlung; man könnte, wenn man neidisch ist, auch etwas ganz anderes tun.) Nach *vor* stehen meist Handlungen, über die der Mensch gar keine Kontrolle hat und die er deshalb auch nicht planen kann – oder kann man planen, daß man *vor Kälte zittert* oder *vor Wut einen roten Kopf bekommt*?

Satz I:
Satzglied und Satzgliedstellung

Sätze der deutschen Sprache kann man auf zwei Arten beschreiben: **306**
linear und funktional.

Ich habe ihm die Geschichte erzählt.

Diesen Satz kann man so darstellen:

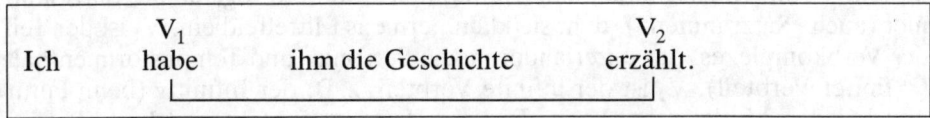

In der gesprochenen Sprache folgen Wörter zeitlich nacheinander, und diese
Abfolge wird in der geschriebenen Sprache von links nach rechts abgebildet.
Aber: Nicht immer gehört das, was nebeneinander steht, auch eng zusammen,
und umgekehrt stehen Elemente des Satzes, die eng zusammengehören, nicht
selten getrennt, so z. B. die Teile des Verbkomplexes *habe* (V_1) und *erzählt*
(V_2). Wenn man zeigen will, wie die Glieder eines Satzes funktional zusammengehören, kann man einen Satz auch so beschreiben:

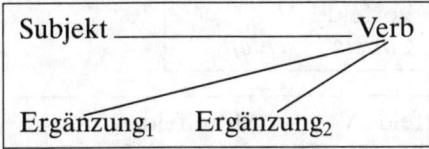 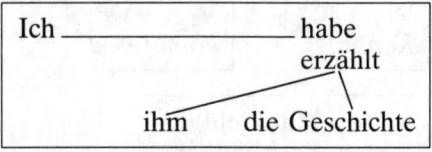

Ergänzungen sind diejenigen Satzglieder, die man meist zusammen mit einem **307**
Verb lernt, z. B. lernt man: *erzählen* hat einen Dativ und einen Akkusativ.
Ergänzungen werden auch „Objekte" genannt. Ausdrücke, in denen kein Verb
vorkommt, z. B. *Hilfe!, Bravo!* oder *Feuer!* sind keine Sätze, man nennt sie
„Äußerungen".

308 Lineare Struktur des Satzes

Dies ist das Stellungsschema des Aussagesatzes:

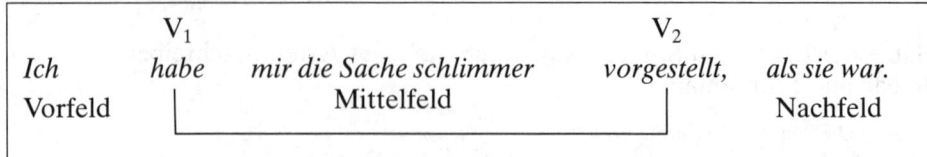

V_1 und V_2 bilden zusammen den Verbkomplex und die sogenannte Satzklammer (auch „Satzrahmen"), d. h. sie klammern das Mittelfeld ein. V_1 ist der Teil des Verbkomplexes, der unter anderem die Personal- und Tempusform enthält (= finiter Verbteil), V_2 ist der infinite Verbteil, z. B. der Infinitiv (beim Futur und bei den Modalverben), das Partizip II (beim Perfekt und beim Passiv) sowie die trennbaren Verbteile (z. B. *kommt . . . an*). Viele Sätze haben kein V_2, aber es gibt keinen Satz ohne V_1. V_1 ist für die Satzgliedstellung und auch für den Satztypus (Haupt- oder Nebensatz) sehr wichtig. V_1 und V_2 gliedern den Satz: Der Teil vor V_1 heißt „Vorfeld", derjenige zwischen V_1 und V_2 „Mittelfeld", der hinter V_2 „Nachfeld". Sehr viele Sätze haben kein Nachfeld. Es gibt aber auch Sätze ohne Vorfeld (z. B. die *ja/nein*-Fragen) und ohne Mittelfeld. Beispiele:

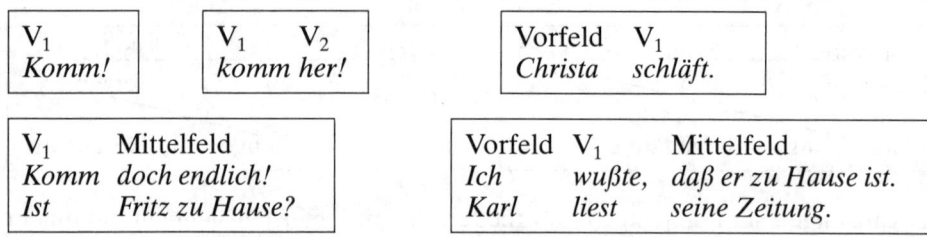

(Zu Vor-, Mittel- und Nachfeld ▷ §§ 336–354.)

309 Subjekt, Ergänzungen, Angaben

Zwischen dem Subjekt und der finiten Verbform (V_1) besteht eine besondere Beziehung. Zwei Merkmale des Subjekts, nämlich die Person und der Numerus (= Singular/Plural), treten auch beim Verb auf:

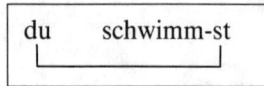

Diese Übereinstimmung zwischen dem Subjekt und der finiten Verbform wird „Kongruenz" genannt. Diese Kongruenz hilft beim Lesen von Texten mit komplizierten und langen Sätzen: Wenn man den Verbkomplex gefunden hat, findet man mit Hilfe der Kongruenz auch leicht das zugehörige Subjekt.

310 Satzglieder, die man zusammen mit dem Verb lernt, sind spezifisch für dieses Verb. Das heißt: Solche Satzglieder stehen nur bei bestimmten Verben, aber nicht bei allen. Dagegen kann bei fast allen Verben z. B. die Negation *nicht* oder eine Zeitbestimmung stehen. Satzglieder, die bei jedem beliebigen Verb stehen können, sind nicht typisch oder spezifisch für dieses Verb. Man sagt deshalb auch: Sie sind unspezifisch.

Man nennt spezifische Satzglieder: **Ergänzungen**
und unspezifische Satzglieder: **Angaben**

Der Verbkomplex (V_1, V_2), das Subjekt und die Ergänzungen konstituieren einen Satz.

Man unterscheidet folgende Ergänzungen:

Akkusativergänzung (E_{Akk})   **311**

> Ich höre *solche Geschichten* nicht gern.

Diese Ergänzung kommt bei sehr vielen Verben vor, z. B. bei *sehen, sagen, lieben, lernen* (Verben mit dem Akkusativ ▷ § 122).

Dativergänzung (E_{Dat})   **312**

> Paul hilft *seinem Bruder*.

Im Dativ steht oft eine Person (Verben mit dem Dativ ▷ § 124).

Genitivergänzung (E_{Gen})   **313**

> Er erinnert sich *meines Geburtstags*.

Verben mit E_{Gen} sind relativ selten (Verben mit dem Genitiv ▷ § 125).

Präpositionalergänzung ($E_{Präp}$)   **314**

> Ich leide *an Kopfschmerzen*.

Viele Verben haben eine $E_{Präp}$ (Verben mit Präposition ▷ §§ 98–121).

315 **Situativergänzung** (E_{Sit})
(a) lokal: München liegt *an der Isar.*
Verben: *sich befinden, hängen, kleben, sitzen, stecken, stehen, sein, sich aufhalten, wohnen.*
(b) temporal: Die Diskussion begann *am frühen Abend.*
Verben: *stattfinden, anfangen, enden, aufhören, passieren, sich ereignen.*

Die Situativergänzung bezeichnet ganz allgemein die Situation, in der etwas geschieht. Sie kommt nur bei relativ wenigen Verben vor, diese Verben sind aber recht häufig.

316 **Direktivergänzung** (E_{Dir})
Diese Ergänzung steht hauptsächlich bei den sogenannten Verben der Bewegung. Man unterscheidet:
(a) Ziel der Bewegung: Der Chef fliegt *nach Tokio.*
Präpositionen: *an, auf, gegen, hinter, in, nach, neben, unter, vor, zu, zwischen.*
(b) Herkunft: Der Zug kommt *aus Braunschweig.*
Präpositionen: *aus* und *von.*
(c) passierter Bereich: Wir kommen diesmal nicht *über Göttingen.*
Präpositionen: *über* und *durch.*
(d) umgangener Bereich: Der Weg führt *um den See.*
Präposition: *um.*

317 **Nominalergänzung** (E_{Nom})
Diese Ergänzung ist immer ein Substantiv (= Nomen). Sie kommt vor als:
(a) Nominativ: Karl ist *Angestellter.*
Verben: *sein, bleiben, werden, heißen.*
(b) Akkusativ: Ich nenne so etwas *eine Dummheit.*
Verben: *finden, schimpfen, nennen.*
(c) *als* + Nominativ: Stefan gilt *als Fachmann.*
(d) *als* + Akkusativ: Man bezeichnet ihn *als einen Fachmann.*
(e) *wie* + Nominativ: Du verhältst dich *wie ein Anfänger.*
(f) *wie* + Akkusativ: Er behandelte mich *wie einen Vertrauten.*[1]

---

1 Der Kasus nach *als/wie* hängt vom Verb ab (▷ § 131).

166

Adjektivergänzung (E_{Adj}) **318**
Diese Ergänzung ist immer ein Adjektiv. Sie kommt vor als:
(a) Adjektiv allein: Es bleibt *kalt.*
Verben: *aussehen, auffassen, behandeln, sich benehmen, bleiben, finden, gehen (es), machen, riechen, schmecken, sein,*[1] *sich verhalten, verstehen, vorkommen* (+ Dat_{Pers})*, werden.*[2]
(b) *als* + Adjektiv: Klara gilt *als kontaktfreudig.*
Verben: *bezeichnen, empfinden, gelten.*

Verbativergänzung (E_{Verb}) **319**
Diese Ergänzung ist immer ein Verb und kommt vor als:
(a) Infinitiv ohne *zu:* Bettina läßt *nachschenken.*
Verben: *lassen, es heißt* (= man muß).
(b) Infinitiv mit *zu:* Ich gedenke, *morgen abzureisen.*
(Verben mit Inf_{zu} ▷ §§ 126 f.)
(c) *daß*-Satz: Es heißt, *daß er in Südamerika lebt.*
Verben: *zusehen* (= sich bemühen), *es heißt* (= man sagt).
(Der Unterschied zwischen einer E_{Verb} und den satzförmigen Ergänzungen wird in § 323 erklärt.)

Nicht verwechseln: **320**

– Subjekt und E_{Nom}, beide Satzglieder stehen im Nominativ. Vergleichen Sie:
  Paul ist nicht da. (Subj.)
  Das Pronomen von *Paul* ist *er* (*Er* ist nicht da).
  Paul wird *Architekt.* (E_{Nom})
  Das Pronomen von *Architekt* ist *es* (Paul wird *es*).

– E_{Akk} und E_{Nom} (akkusativische Variante), beide stehen im Akkusativ. Vergleichen Sie:
  Ich habe *Paul* gesehen. (E_{Akk})
  Das Pronomen von *Paul* ist *ihn* (Ich habe *ihn* gesehen).
  Ich nenne Paul *einen Fachmann.* (E_{Nom})
  Das Pronomen von *einen Fachmann* ist: *so* (Ich nenne ihn *so*).

– E_{Sit}, E_{Dir} und $E_{Präp}$. Verben mit E_{Sit} bzw. E_{Dir} können ganz verschiedene Präpositionen haben, die Ergänzung kann auch ein Adverb sein; das Verb ändert seine Bedeutung nicht:

---

1 Unterscheiden Sie zwei Varianten von *sein: Das ist schön.*
  sein + Dat_{Pers}: *Mir ist übel.*
2 Das gleiche gilt für *werden: Es wird hell. – Mir wird schlecht.*

Klaus fällt	vom Stuhl in den Teich dorthin	E_{Dir}
Klara sitzt	auf dem Dach hinter dem Ofen oben/hier/dort	E_{Sit}

321 Bei $E_{Präp}$ wechselt die Präposition in der Regel nicht. $E_{Präp}$ kommt auch nicht als Adverb vor. Vergleichen Sie außerdem die Pronomina:

Klaus unterrichtet Peter	in Französisch darin	$E_{Präp}$
Peter wohnt	in Würzburg dort	E_{Sit}
Lisa fährt	in die Stadt dahin	E_{Dir}

322 Satzbaupläne

Die neun Ergänzungen kommen bei den verschiedenen Verben in ganz unterschiedlichen Kombinationen vor. Diese Kombinationen von Ergänzungen bei einem Verb werden – zusammen mit dem Subjekt – „Satzbaupläne" genannt. Z. B. hat das Verb *bringen* folgenden Satzbauplan:

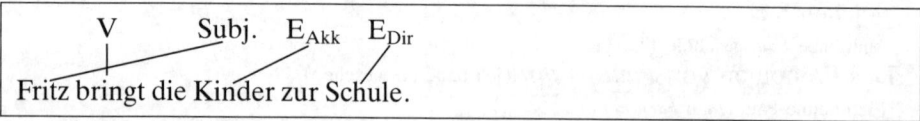

Die meisten Verben haben keine, eine oder zwei Ergänzungen. Nicht alle Ergänzungen kommen zusammen vor, z. B. nicht E_{Gen} und E_{Dat}, bei anderen ist die Kombination selten.[1] Die häufigsten Satzbaupläne der deutschen Sprache sind die folgenden:

---

1 Z. B. bei E_{Dat} und E_{Dir}: *Ich helfe ihm aufs Pferd.*

V Subj.[1]	Mein Kanarienvogel singt.
V Subj. E_{Akk}	Fritz liebt Lisa.
V Subj. E_{Dat}	Ein Tiefdruckgebiet nähert sich der Deutschen Bucht.
V Subj. $E_{Präp}$	Ich denke an meine Prüfung.
V Subj. E_{Sit}	Friedrich wohnt im 3. Stock.
V Subj. E_{Dir}	Wir fuhren nach Madagaskar.
V Subj. E_{Nom}	Klaus bleibt der Boß.
V Subj. E_{Adj}	Dr. Kaczmarek gilt als kompetent.
V Subj. $E_{Akk}E_{Dir}$	Peter bringt die Weinflaschen in den Keller.
V Subj. $E_{Akk}E_{Nom}$	Er nannte mich einen komischen Vogel.
V Subj. $E_{Dat}E_{Akk}$	Wer erklärt mir die Gebrauchsanweisung?

Es gibt auch Sätze ohne Subjekt:

Ihm ist elend.
Mir schwindelt.

Subjekt und Ergänzungen in Form eines Nebensatzes   323

Außer bei E_{Adj} und E_{Verb} können Ergänzungen als Substantiv oder als Pronomen realisiert sein. Das Subjekt und einige Ergänzungen, und zwar E_{Akk} und $E_{Präp}$, können darüber hinaus bei bestimmten Verben die Form eines Nebensatzes haben. Man spricht auch von „satzförmigem Subjekt" und „satzförmigen Ergänzungen":

Daß Fritz Probleme hat, ist bekannt.	(Subj.)
Wir wußten nicht, daß er wiederkommt.	(E_{Akk})
Man hofft, daß er sich bei uns meldet.	($E_{Präp}$)

Satzförmige Ergänzungen kommen häufig in einer der folgenden Formen vor: daß-Satz, ob-Satz, Inf_{zu}, w-Satz (*wer, wie* etc.) und als Nebensatz mit Zweitstellung des Verbs (oft im Konjunktiv I).

Die Behörde schreibt, daß der Antrag bewilligt wird.
Ich weiß nicht, ob ich rechtzeitig zurück sein werde.
Paul behauptet, das Buch nicht gelesen zu haben.
Weißt du, wo Karl sich aufhält?
Der Taxifahrer sagte, er kenne den Weg nicht.

---

1 Dieses Schema repräsentiert nicht die lineare Reihenfolge der Satzglieder! Das Verb steht nur in der *ja/nein*-Frage und im Imperativ am Satzanfang.

Verwechseln Sie bitte nicht eine satzförmige Ergänzung mit einer E_{Verb}. Letztere kann *nur* als Verb auftreten, eine satzförmige Ergänzung ist dagegen eine E_{Akk} oder $E_{Präp}$, die *entweder* als Substantiv/Pronomen *oder* als Nebensatz realisiert ist (für das Subjekt gilt das gleiche).

324 *es* und *da(r)* + Präposition als Korrelate

Man rechnet *damit,* daß er sich noch meldet.[1]

In diesem Satz besteht die $E_{Präp}$ nicht nur aus dem *daß*-Satz, sondern auch aus dem Wort *damit*. Man bezeichnet dieses Wort als Korrelat. Es ist eine Art Stellvertreter des Nebensatzes im Hauptsatz und weist auf den folgenden Nebensatz hin. Bei $E_{Präp}$ hat das Korrelat immer die Form *da(r)* + Präp. Die Präposition ist dieselbe, die verwendet wird, wenn die $E_{Präp}$ als Substantiv oder als Pronomen realisiert ist. Das *-r-* steht dann, wenn die Präposition mit einem Vokal beginnt, z. B.

daran	darin	Aber:	dabei	dafür
daraus	darüber		damit	danach
darauf	darum		davon	dagegen
			dazu	davor

Dieses Korrelat ist bei den meisten Verben obligatorisch. Diejenigen Verben, bei denen es fakultativ ist, finden Sie in § 121. Das Korrelat *da(r)* + Präp. kann zusammen mit der satzförmigen $E_{Präp}$ den Satz einleiten:

Damit, daß er sich noch meldet, rechnet man.

325 Die Funktion von *es* ist sehr ähnlich derjenigen von *da(r)* + Präp., dieses *es* wird ebenfalls Korrelat genannt – Korrelat der satzförmigen E_{Akk} sowie des satzförmigen Subjektes:

Meine Aufgabe ist es, ihm den Gebrauch der Korrelate zu erklären. (Subj.)

Er bezeichnete es als sinnlos, soviel Zeit für diese Aufgabe zu verwenden. (E_{Akk})

(Verben mit fakultativem Korrelat ▷ § 121.)

---

1 Man kann die $E_{Präp}$ bei *rechnen mit* natürlich auch als Substantiv oder als Pronomen realisieren: *Man rechnet noch mit seiner Meldung / damit.*

Auch das Korrelat *es* ist bei einigen Verben obligatorisch: **326**

(a) Bei den folgenden Verben mit satzförmigem Subjekt:

sich auszahlen	angehen	kosten
abhängen von	gelingen	machen + E_{Adj}
gelten als	sich lohnen	geschehen
liegen an/bei	passieren	
sein an		

Leider ist es mir nicht gelungen, sie zu überzeugen.

Gestern hat es mich große Mühe gekostet, rechtzeitig aufzustehen.

Nun ist es an dir, einen anderen Vorschlag zu machen.

(b) Bei satzförmiger E_{Akk} ist *es* dann obligatorisch, wenn es bei Verben des **327** Urteilens mit den Satzbauplänen V Subj. $E_{Akk}E_{Nom}$ oder V Subj. $E_{Akk}E_{Adj}$ auftritt:

nennen	finden	ansehen als
betrachten als	bezeichnen als	empfinden als
erachten als	werten als	zählen als
sich denken (E_{Adj})	nehmen (E_{Adj})	aufnehmen (E_{Adj})

Britta nannte es verrückt, so früh aufzustehen.

Paul betrachtet es als seinen größten Erfolg, diese Stelle bekommen zu haben.

Er nahm es gleichgültig auf, daß ihm sein Wagen gestohlen worden war.

(c) Bei anderen Verben. Hierher gehören auch einige Verben des Urteilens, **328** aber mit anderen Satzbauplänen:

erklären für	ansehen für	begrüßen
halten für	ablehnen	mit sich bringen
bewundern	bezahlen mit	verachten
rechnen zu	zählen zu	

Der Kollege lehnte es ab, Überstunden zu machen.

Ich begrüße es, rechtzeitig informiert zu werden.

171

329 Bedeutung der Ergänzungen für den Wortschatz

Es gibt im Deutschen eine Reihe von Verben, deren Bedeutung so ähnlich ist, daß man sie oft verwechselt. Man kann solche bedeutungsähnlichen Verben aber gut hinsichtlich ihrer Ergänzungen unterscheiden. Ein Beispiel dafür sind die folgenden Verben des Sagens:

	sagen	reden	sprechen	behaupten
Subj.	+	+	+	+
E_{Akk}	+	+	+	+
E_{Dat}	+	−	(−)	−
$E_{Präp}$ *(zu)*	+	+	+	−
$E_{Präp}$ *(von)*[1]	(−)	+	+	(+)
$E_{Präp}$ *(über)*[1]	(−)	+	+	−
$E_{Präp}$ *(mit)*	−	+	+	−
daß-Satz	+	−	+	+
Inf_{zu}	−	−	−	+
dir. Rede	+	(−)	+	+
ob-Satz[2]	−	−	−	−

Dieser Tabelle läßt sich folgendes entnehmen:
- Die Verben *reden* und *sprechen* sind einander sehr ähnlich.
- Nur *sagen* wird mit E_{Dat} (= Dat_{Pers}) gebraucht; gelegentlich kommt eine E_{Dat} auch bei *sprechen* vor.
- Nur *behaupten* wird mit Inf_{zu} gebraucht:
    Er behauptete, mich nicht zu kennen.
- Keines dieser Verben wird genauso wie eines seiner Nachbarn in der Tabelle gebraucht.

---

1 Die Präpositionen *von* und *über* können bei *sagen* nur in Verbindung mit einer (meist) pronominalen E_{Akk} verwendet werden: *Er sagte nichts (etwas) von seiner / über seine Prüfung.*
Falsch ist: **Er sagte über seine Prüfung.* Bei *behaupten* tritt *von* oft in Verbindung mit einem Nebensatz auf: *Er behauptet von mir, ich sei ein Dummkopf.*
2 Ein *ob*-Satz tritt bei *sagen* nur dann auf, wenn der Hauptsatz eine Frage oder Verneinung ist (▷ § 130).

Angaben 330

Satzglieder, die nicht spezifisch für ein bestimmtes Verb sind und die man auch nicht mit einem Verb zusammen lernt, werden Angaben genannt. Folgende Gruppen von Angaben lassen sich unterscheiden:

(1) äußerungsbezogene oder pragmatische Angaben (A_{Pragm}),
(2) satzbezogene oder situative Angaben (A_{Sit}),
(3) Negation (*nicht, nie* etc.) (A_{Neg}),
(4) verbbezogene oder modale Angaben (A_{Mod}).

Äußerungsbezogene oder pragmatische Angaben 331

Angaben dieser Art sind oft ein Kommentar des Sprechers zu dem, was er sagt. Eine Sondergruppe sind die Modalpartikeln (▷ §§ 266–283).

(a) Der Sprecher sagt, ob seine Behauptung eine Tatsache oder eine Vermutung ist. Hierher gehören z. B.:

anscheinend	möglicherweise	selbstverständlich
bekanntlich	natürlich	sicher(lich)
bestimmt	offensichtlich	vielleicht
eventuell	ohne Zweifel	wahrscheinlich
gewiß	scheinbar	zweifellos

(b) Der Sprecher bewertet einen Sachverhalt. Er sagt, ob dieser Sachverhalt 332 erwünscht oder unerwünscht ist, oder er kommentiert ihn in anderer Weise:

hoffentlich	leider	netterweise
zum Glück	bedauerlicherweise	ausnahmsweise
erfreulicherweise	dummerweise	besser

Sätze mit einer dieser Angaben (a) oder (b) lassen sich oft so umformen:

Er hält sich möglicherweise in Frankreich auf.
  → Es ist möglich, daß er sich in Frankreich aufhält.
Bedauerlicherweise hat er den Zug verpaßt.
  → Es ist bedauerlich / Es ist zu bedauern, daß er den Zug verpaßt hat.

Da diese Angaben meist die Funktion eines Kommentars haben, kann man sie auch Kommentar-Adverbien nennen.

333 Satzbezogene oder situative Angaben

Dies ist der Bereich der oft so genannten adverbialen Bestimmungen. Man kann unterscheiden:

(a) konditionale Angaben

dann	unter der/dieser Bedingung
in dem/diesem Fall	unter der/dieser Voraussetzung
im Zweifelsfall	

(b) konzessive Angaben
   trotzdem, dennoch, trotz + Gen.

(c) kausale Angaben

deshalb	daher	deswegen
aus dem/diesem Grunde	infolge + Gen.	aus + Dat.
wegen + Gen.	auf Grund + Gen.	

(d) finale Angaben
   zu dem/diesem Zweck, dazu

(e) temporale Angaben

gestern	1984	jetzt
damals	später	plötzlich
bald	sofort	erst
schon	noch	am 2. Juli

(f) lokale Angaben
   hier, dort, auf dem Dach

334 Negation

nicht	gar nicht	nicht mehr
überhaupt nicht	nicht einmal	keineswegs
kaum	nie(mals)	

Die attributive Negation *kein* ist keine Angabe.

Verbbezogene oder modale Angaben

Diese Angaben beziehen sich nur auf das Verb.

so	schnell	laut
gut	gern	auf diese Weise
sehr	wenig	völlig
ganz	ein bißchen	

Eine Untergruppe sind die instrumentalen Angaben:
mit dem Messer, mit Hilfe eines Bohrers

Stellung von Subjekt, Ergänzungen und Angaben

Vorfeld

Wenn das Vorfeld leer ist wie bei der *ja/nein*-Frage oder bei der Aufforderung mit Imperativ, steht V_1 an erster Stelle im Satz. Man spricht deshalb auch von der Erststellung des Verbs, genauer der finiten Verbform:

V_1
War er denn nicht da?
Laß das bleiben!

Wenn das Vorfeld besetzt ist wie etwa im Aussagesatz und in der *w*-Frage, steht V_1 an der zweiten Stelle im Satz, man nennt dies die Zweitstellung des Verbs.

Wichtig: Zweitstellung des Verbs bedeutet nicht, daß an der ersten Stelle nur ein Wort stehen kann. Im Vorfeld steht ein Satzglied, das auch aus mehreren Wörtern oder aus einem Nebensatz bestehen kann, z. B.:

Vorfeld	V_1	Mittelfeld	V_2
Seit langer Zeit	traf	ich ihn zum ersten Mal	wieder.
Der Mann mit dem steifen Hut	steht	an der Kinokasse.	
Seit ich ihn zum letzten Mal sah,	hat	er sich sehr	verändert.

337 Im Vorfeld können fast alle Satzglieder stehen, sogar V_2, sofern es ein Infinitiv oder ein Part. II ist:

V_2	V_1	
Gearbeitet	wurde	im Sommer von morgens 6 Uhr bis abends um 7 Uhr.
Mitkommen	will	er nicht.

Am häufigsten erscheinen im Vorfeld das Subjekt und die situativen Angaben:

Friedrich lebte kurz nach dem Krieg in der Schweiz. (Subj.)
Damals war er freier Schriftsteller. (A_{Sit})

338 Im Vorfeld können jedoch nicht stehen:

– die Negation *nicht* allein sowie in den Kombinationen *nicht mehr, überhaupt nicht, gar nicht.* Falsch ist also: *Nicht will er kommen.
Richtig ist jedoch: Nicht gestern kam er, sondern vor drei Tagen.
– das akkusativische *es:* *Es habe ich gewußt. Das nominativische *es* kann dagegen im Vorfeld stehen: Es ist wichtig.
– die meisten trennbaren Verbteile: *An ist der Zug gekommen. (eine Ausnahme: Hinzu kommt, daß...). Einige adjektivische und substantivische Verbteile können jedoch im Vorfeld stehen: Schwarz hat er sich geärgert.
– Reflexivpronomina: *Sich irrt er nie.
(Verben mit Reflexivpronomen ▷ §§ 76–81).
– die meisten Modalpartikeln: *Ja hat er keine Ahnung. (▷ §§ 266–283).

339 **Wichtig:** Folgende Konjunktionen zählen bei der Besetzung des Vorfeldes nicht als Satzglied: *aber, und, oder, denn, sondern, (doch).* Sie stehen also nicht allein im Vorfeld:

Er hat mich angerufen, aber ich war nicht da. (*...., aber war ich...)
Wir fahren oder wir gehen zu Fuß. (*... oder gehen wir zu Fuß)
Sie konnte dich nicht anrufen, denn sie war krank. (*..., denn war sie krank)

Neben diesen echten Konjunktionen gibt es Scheinkonjunktionen, die in Wirklichkeit Adverbien sind, genauer: Angaben, und somit Satzglieder. Sie können deshalb in der Regel nur allein das Vorfeld besetzen:

Zwar war er schlecht vorbereitet, *dennoch* hat er die Prüfung bestanden. (*Zwar* er war..., *dennoch* er hat ...)

Wir können also das obige lineare Satzschema in folgender Weise erweitern: **340**

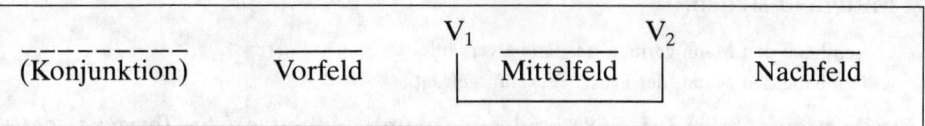

		V_1		V_2	
(Konjunktion)	Vorfeld		Mittelfeld		Nachfeld

Sowohl als Konjunktion wie als Satzglied werden verwendet: *doch, jedoch, entweder, also.* Bei diesen Wörtern sind beide Stellungen möglich:

Ich rief ihn an, doch $\left\{ \begin{array}{l} \text{er war} \\ \text{war er} \end{array} \right\}$ nicht zu Hause.

Nur im Vorfeld kann das sogenannte expletive *es* stehen. Es hat nur die Funktion, die erste Stelle besetzt zu halten (der Aussagesatz würde sonst zum Fragesatz). Wenn ein anderes Satzglied ins Vorfeld tritt, fällt dieses *es* obligatorisch weg: **341**

> Es wurden alle Verunglückten gerettet.
> Alle Verunglückten wurden gerettet.

Besonderheit

Auch Aufforderungssätze mit dem Imperativ haben manchmal ein Vorfeld:

> Nun komm schon!

Nachfeld **342**

Im Nachfeld können stehen:
– das satzförmige Subjekt sowie die satzförmigen E_{Akk}, $E_{Präp}$ und E_{Adj}.:

> Es wird bekanntgegeben, wann man sich anmelden kann. (Subj.)
> Wir haben nicht gewußt, daß der Zug Verspätung hat. (E_{Akk})
> Er hat darauf bestanden, die Wahrheit zu erfahren. ($E_{Präp}$)
> Sie hat sich verhalten, als habe man sie beleidigt. (E_{Adj})

Subj. und E_{Akk} können, wenn sie nebensatzförmig sind, auch im Vorfeld stehen, nicht jedoch zwischen V_1 und V_2:

> Wann man sich anmelden kann, wird bekanntgegeben.
> (*Es wird, wann man sich anmelden kann, bekanntgegeben.)
> Daß der Zug Verspätung hat, haben wir nicht gewußt.
> (*Wir haben, daß der Zug Verspätung hat, nicht gewußt.)

$E_{Präp}$ und E_{Adj} stehen als Nebensätze normalerweise im Nachfeld.

343 – Attributsätze, besonders Relativsätze, können im Nachfeld, aber auch im Mittelfeld stehen:

> Ich habe den Mann gefragt, der Fische verkauft.
>
> Ich habe den Mann, der Fische verkauft, gefragt.

Attributsätze ($\triangleright$ §§ 365–368) sind außerdem: *daß*-Sätze (*die Tatsache, daß*), *ob*-Sätze (*die Frage, ob*), *w*-Sätze (*die Frage, wer/was/wann/warum etc.*), Inf_{zu} (*die Notwendigkeit, hierzubleiben*). Diese Attributsätze können nicht allein, sondern nur zusammen mit ihrem Bezugssubstantiv im Vorfeld stehen.

– $E_{Präp}$: Ich werde dich nicht stören bei der Arbeit.

344 – E_{Adj} und E_{Nom}, aber nur, wenn sie mit *als* oder *wie* gebildet sind:

> Ich komme mir vor *wie* in einem Zirkus.
>
> Seine Bemühungen stellten sich dar *als* der Versuch, Klarheit in die ganze Affäre zu bringen.

– situative Angaben. Diese sind im Nachfeld relativ häufig:

> Ich habe ihn nicht getroffen damals.

345 Weshalb stellt man Satzglieder ins Nachfeld, die auch im Mittel- oder Vorfeld stehen können? Man kann hier drei Gründe unterscheiden:

(1) Wenn die Distanz zwischen V_1 und V_2 sehr groß ist und der Satz unübersichtlich wird, stellt man Satzglieder aus dem Mittelfeld ins Nachfeld.

> Doch öfter mußte (V_1) ich mir, um satt zu werden, noch ein Stück Brot erbitten (V_2), das mir sehr unwillig und meist mit spitzen Bemerkungen über meinen Appetit gereicht wurde.

Besonders häufig wird ausgeklammert, wenn V_2 eine trennbare Vorsilbe ist.

(2) Zur stärkeren Betonung des ausgeklammerten Elements stellt man Satzglieder ins Nachfeld.

(3) In spontan gesprochener Rede oder in Texten dieser Stilfärbung erscheinen oft Satzglieder im Nachfeld:

> Sind wenigstens Sie zu einer Einigung gelangt über die Pilze?
>
> (Aus: B. Brecht, „Herr Puntila und sein Knecht Matti".)

178

Mittelfeld   346

Während das Vorfeld in der Regel nur mit einem Satzglied besetzt werden kann und das Nachfeld oft leer ist, sind die Verhältnisse im Mittelfeld sehr viel komplizierter, weil hier mehrere Satzglieder stehen können. Ihre Abfolge ist teils variabel, teils aber auch festgelegt.

Die Ergänzungen verhalten sich hinsichtlich ihrer Stellung im Mittelfeld unterschiedlich. Wir unterscheiden Ergänzungen mit einer „Linkstendenz", d. h. einer Tendenz zu V_1 hin, und Ergänzungen mit einer „Rechtstendenz", d. h. einer Tendenz zu V_2 hin; das Subjekt hat eine Linkstendenz:

Vorfeld	V_1	Mittelfeld	V_2	Nachfeld
		$\longleftarrow$ $\longrightarrow$		
		Subj. E_{Gen}		
		E_{Akk} $E_{Präp}$		
		E_{Dat} E_{Sit}		
		E_{Dir}		
		E_{Nom}		
		E_{Adj}		

Ergänzungen mit einer Linkstendenz stehen sehr oft vor der Negation *nicht*,   347
Ergänzungen mit Rechtstendenz vielfach hinter ihr:

Subj.	Morgen	kommt *er*	nicht.	
E_{Akk}	Ich	kenne *ihn*	nicht.	
E_{Dat}	Wir	helfen *ihm*	nicht.	
E_{Gen}	Man	verdächtigt ihn	nicht	*des Betruges.*
$E_{Präp}$	Ich	habe	nicht	*mit einem Erfolg gerechnet.*
E_{Sit}	Fritz	ist	nicht	*da.*
E_{Dir}	Gisela	fliegt	nicht	*nach München.*
E_{Nom}	Klaus	wird	nicht	*als Fachmann bezeichnet.*
E_{Adj}	Ich	bin	nicht	*krank.*

348 Der Ausdruck „Tendenz" bedeutet: Diese Regel ist nicht ohne Ausnahmen:

$E_{Präp}$: Als Pronomen *da(r)* + Präp kann $E_{Präp}$ auch vor *nicht* stehen:

Ich habe $\left\{ \begin{array}{l} \text{damit nicht} \\ \text{nicht damit} \end{array} \right\}$ gerechnet.

E_{Nom}: Als Pronomen *so* kann E_{Nom} auch vor *nicht* stehen:

Er wird $\left\{ \begin{array}{l} \text{so nicht} \\ \text{nicht so} \end{array} \right\}$ bezeichnet.

E_{Adj}: Als Pronomen *es* kann E_{Adj} nur vor *nicht* stehen:

Er ist es nicht. (falsch:* Er ist nicht es.)

349 Stellung von Subjekt, E_{Dat} und E_{Akk} im Mittelfeld

Diese Ergänzungen kommen besonders häufig zusammen vor. Man muß zwischen obligatorischen und fakultativen Folgen unterscheiden.

Erste Grundregel: Bei pronominalen Subj., E_{Dat} und E_{Akk} ist die Linkstendenz noch stärker als bei den entsprechenden substantivischen Satzgliedern.

(a) Ein pronominales Subj. steht immer unmittelbar hinter V_1:

Vielleicht kennt er ihn. (falsch: *Vielleicht kennt ihn er.)

Ausnahme: *das* als Subjekt steht meist hinter pronominalen E_{Dat} und E_{Akk}:

Sicher hat ihn das geärgert. (E_{Akk} – Subj.)
Sicher war ihr das zu schwierig. (E_{Dat} – Subj.)

Ein pronominales Subjekt steht immer vor dem Reflexivpronomen. Vergleichen Sie:

Deshalb hat er sich geärgert.
(*Deshalb hat sich er geärgert.)

Deshalb hat $\left\{ \begin{array}{l} \text{sich Paul} \\ \text{Paul sich} \end{array} \right\}$ geärgert.

Wieder macht *das* als Subjekt eine Ausnahme:

Leider hat sich das nicht geändert. (Möglich: ... *das sich* ...)

350 (b) Die Folgen E_{Akk} (Pron.) – E_{Dat} (Subst.) sowie E_{Dat} (Pron.) – E_{Akk} (Subst.) werden nur sehr selten umgekehrt.

Er hat *sie seinem Freund* vorgestellt.
Er hat *ihm seine Freunde* vorgestellt.

(c) Eine sehr starke Linkstendenz hat auch E_{Akk} in der Form des Pronomens *es*. Es steht zwar immer nach pronominalem Subjekt:

Bestimmt hat er es gewußt. (*...*es er*...)

$$\text{Sicher hat} \left\{ \begin{array}{l} \text{es der Chef} \\ \text{der Chef es} \end{array} \right\} \text{gewußt.}$$

Immer steht es vor pronominaler oder substantivischer E_{Dat}:

Er hat es ihm gesagt. (*...*ihm es*...)

Zweite Grundregel: Indefinite Substantive, das sind Substantive mit unbestimmtem Artikel (oder im Plural mit Nullartikel), haben eine starke Rechtstendenz, auch wenn sie Subjekt sind: **351**

Damals hat meinem Vater *ein alter Freund* geholfen.
Aber: Damals hat *er* meinem Vater geholfen.

Dritte Grundregel: Wenn Subj., E_{Dat} und E_{Akk} Substantive sind, dann kann das Subjekt nicht hinter den beiden Ergänzungen stehen: **352**

Gestern erklärte der Lehrer den Schülern die Regel.
Gestern erklärte den Schülern der Lehrer die Regel.
*Gestern erklärte den Schülern die Regel der Lehrer.

Vierte Grundregel: Wenn die Verbindung zwischen einer Ergänzung und dem Verb sehr eng ist, dann hat diese Ergänzung eine starke Rechtstendenz, d. h. sie steht oft noch hinter *nicht* (feste Verbindungen ▷ §§ 132–135). Vergleichen Sie: **353**

Er aß   seine Suppe nicht
Er nimmt   nicht Platz.

Das gleiche gilt auch für Subj.:

Ist dir nicht der Verdacht gekommen, daß...?

Hier noch ein Beispiel für E_{Dat}:

Klaus gehört nicht der Partei an.

Ansonsten gilt: Die substantivischen Folgen Subj. – E_{Dat}, Subj. – E_{Akk}, E_{Dat} – E_{Akk} sind zwar sehr häufig, aber prinzipiell umkehrbar, d. h. sie sind fakultativ.

354 Stellung der Angaben im Mittelfeld

Wir haben oben (§§ 330 ff.) unterschieden:
(1) pragmatische Angaben (A_{Pragm}),
(2) situative Angaben (A_{Sit}),
(3) Negation (A_{Neg}),
(4) modale Angaben (A_{Mod}).

Obligatorisch ist die Folge $A_{Pragm} - A_{Neg} - A_{Mod}$:

        1   3
Er hat es wahrscheinlich nicht gewußt.

         3   4
Ich habe das nicht ganz verstanden.

       1   4
Er hat sich freundlicherweise sehr bemüht.

Oft steht A_{Sit} vor A_{Neg} und A_{Mod}:

       2   3
Ich habe ihn gestern nicht erreicht.

       2   4
Er hat sich bei dem Sturz schwer verletzt.

Innerhalb der situativen Angaben stehen oft temporale vor lokalen Angaben:

Ich haben ihn *gestern* (temp.) auf dem Flur (lok.) gesprochen.

Dennoch – obligatorisch ist diese Folge nicht, wie folgendes Beispiel zeigt:

Ich habe ihn
$$\left\{ \begin{array}{l} \text{in Dortmund selten} \\ \text{selten in Dortmund} \end{array} \right\}$$
gesehen.

Bei mehreren temporalen Angaben steht die präzise Angabe hinter der allgemeineren:

Wir treffen uns am Donnerstag um 9 Uhr.

Attribute

355

Das Subjekt und die Ergänzungen, aber auch einige Angaben können durch andere Satzglieder erweitert werden. Diese Satzglieder zweiten Grades werden Attribute genannt. Die bekannteste und häufigste Form des Attributes ist das attributive Adjektiv (▷ §§ 229–234):

Überschüssige Energie wird in Form von Fett auf Vorrat gelegt.

Es gibt außerdem folgende Attribute:

– präpositionale Attribute bei Substantiven (▷ §§ 167–202):

Die Maßeinheit *für* Geräusche ist „Dezibel".

– das Genitivattribut:

Durch das Gefühl *des Hungers oder des Durstes* meldet der Körper seinen Nahrungsbedarf an.

Weiter gibt es Nebensatzattribute, und zwar **356**

– *daß*-Sätze, *ob*-Sätze und den Inf$_{zu}$ bei Substantiven (▷ §§ 207–209):

...die Tatsache, *daß* 40% aller Bundesbürger auch nachts nicht vom Lärm verschont sind,...

Die Frage, *ob* wir in dieser Form zusammen weiterarbeiten können, müssen wir möglichst schnell beantworten.

Sie hatte kaum Zeit, die Namen auf der Liste *vorzulesen*.

– Relativsätze (▷ §§ 365–368):

Handwerker müssen mehr essen als Beamte, *die* am Schreibtisch sitzen.

– *daß*-Sätze, *ob*-Sätze und Inf$_{zu}$ sowie akkusativische, genitivische und präpositionale Attribute bei Adjektiven (▷ §§ 243–265):

Die Höhe des Nahrungsbedarfs ist abhängig *von* der täglichen körperlichen Anstrengung.

Wichtig: **357**

(a) Satzglieder in der Form eines Personalpronomens (*ich, du* etc.) haben in der Regel kein Attribut.

(b) Adjektive haben normalerweise höchstens ein Attribut. Substantive dagegen können gleichzeitig mehrere Attribute haben. Man kann bei Substantiven zwischen „Linksattributen" (attributives Adjektiv, Partizipialattribut) und „Rechtsattributen" unterscheiden. Letztere stehen, wie der Name sagt, rechts von ihrem Bezugssubstantiv. Wenn ein Substantiv mehrere Rechtsattribute hat, gilt folgende Stellungsregel:

Genitivattribut vor Präpositionalattribut vor Nebensatzattribut:

Seit der Gründung des Deutschen Reiches unter Bismarck ...

(c) Substantivische Attribute können selbst wiederum Attribute haben, z. B. attributive Adjektive oder Präpositionalattribute. Das sind dann Attribute von Attributen:

Man braucht den Bus	nicht zu bezahlen.
für die Fahrt	
zur Schule	

358 Rolle der Satzglieder beim Leseverstehen

Sätze der geschriebenen deutschen Sprache, nicht zuletzt der wissenschaftlichen Sprache, sind teilweise recht kompliziert und nicht immer leicht zu verstehen. Man versteht sie besser, wenn man gelernt hat, Satzglieder zu identifizieren, z. B. wenn man weiß, wo ein bestimmtes Satzglied (etwa das Subjekt mit seinen verschiedenen Attributen) anfängt und wo es aufhört, und wenn man nicht mehr Attribute mit Ergänzungen verwechselt; denn das würde den Sinn eines Satzes ändern oder ihn sinnlos machen.

Satz II: Nebensatz

(a) Paco wüßte gern, *wie* sich ein Hauptsatz von einem Nebensatz *unterscheidet*.   **359**
(b) Er behauptet, es nicht *zu wissen*.
(c) Er sagt, er *wisse* es nicht.

In allen drei Beispielen liegen Nebensätze vor, sie unterscheiden sich aber sehr stark voneinander:

(a) Hier steht das Verb am Ende, und der Nebensatz hat ein Einleitungswort (*wie*).

(b) Hier steht das Verb auch am Ende, aber im Infinitiv mit *zu*. Außerdem wird der Nebensatz nicht eingeleitet.

(c) Hier steht das Verb an zweiter Stelle (wie im Hauptsatz), und der Satz wird auch nicht eingeleitet.

Aber: Alle drei Sätze haben zwei Dinge gemeinsam: **360**

(1) Sie können nicht allein stehen.

(2) Sie sind Teil des übergeordneten Satzes, d. h. des Hauptsatzes. „Teil" heißt: Sie sind Satzglied, und zwar sind sie ebenso Satzglied wie Substantive, Pronomina oder Adverbien. Man sieht das daran, daß man Nebensätze normalerweise gegen einzelne Wörter oder Wortgruppen austauschen kann:

Weil er krank war,
Deshalb } konnte er nicht verreisen.

(Der *weil*-Satz und *deshalb* sind Kausalangaben.)

Ich wußte { , daß er nicht zu Hause war.
das.

(Der *daß*-Satz und *das* sind Akkusativergänzungen.)

Weshalb er nicht da ist,
Der Grund für seine Abwesenheit } ist mir unklar.

(Der *weshalb*-Satz und die Wortgruppe *der Grund für seine Abwesenheit* sind Subjekte.)

361 Aus den drei Beispielen am Anfang erkennt man: Nebensätze kann man in formaler Hinsicht, d. h. nach ihren äußeren Merkmalen, unterscheiden. An den drei letzten Beispielen sehen wir, daß man Nebensätze auch funktional unterscheiden kann, d. h. danach, welche Rolle sie im Satz spielen. Nebensätze können folgende Funktionen haben:

– satzförmiges Subjekt (▷ § 323),
– satzförmige Ergänzung, z. B. Akkusativergänzung (▷ § 323),
– satzförmige Angabe (▷ §§ 369–386),
– satzförmiges Attribut, z. B. Relativsatz (▷ §§ 365–368).

362 Formal kann man Nebensätze in zwei Gruppen einteilen:
(1) Nebensätze, bei denen das Verb am Ende steht und die ein oder kein Wort haben, das den Nebensatz einleitet. Ein solches Einleitungswort wird auch Subjunktor genannt.

> Er kam zu spät, *weil* er den Zug *verpaßt hatte*. (mit Subjunktor)
> Sie behauptete, mich nicht *zu kennen*. (ohne Subjunktor)

(2) Nebensätze, bei denen das Verb nicht am Ende, sondern am Anfang oder an zweiter Stelle steht:

> *Sollte* es regnen, bleiben wir zu Hause. (Konditionalsätze ▷ § 372)
> Er sah mich an, als *hätte* ich ihm Arsen in den Kaffee getan. (irreale Vergleichssätze ▷ § 382)

363 Nebensätze mit Endstellung des Verbs

Die meisten Schwierigkeiten beim Deutschlernen bringt der häufigste Typus von Nebensätzen: die Nebensätze mit Endstellung des Verbs.

> ..., weil er es nicht gewußt hat.
> V_2 V_1

Nebensätze dieser Art unterscheiden sich von Hauptsätzen in den folgenden Punkten:

(a) Die finite Verbform (V_1) steht am Satzende, infinite Verbformen (V_2) stehen davor;

(b) sie haben kein Vorfeld (in dem Beispiel oben kann zwischen dem Komma und *weil* kein Wort stehen);

186

(c) eine Reihe von Nebensatzformen hat außerdem ein Einleitungswort, einen sogenannten Subjunktor; mit dieser Bezeichnung sind die in anderen Grammatiken sogenannten Nebensatzkonjunktionen (*daß, ob, als, da, weil* etc.) gemeint.
Infinitivsätze haben keinen Subjunktor.

> Er behauptet, mich nicht zu kennen.

Haupt- und Nebensätze haben aber eine wichtige Gemeinsamkeit: die Satz-klammer. Sie wird im Nebensatz gebildet aus dem Subjunktor ($\triangleright$ § 362), V_1 und V_2. Nebensätze mit Endstellung des Verbs haben deshalb ebenso wie Hauptsätze ein Mittelfeld, und die Abfolge der Satzglieder im Mittelfeld ist in der Regel die gleiche wie im Hauptsatz: **364**

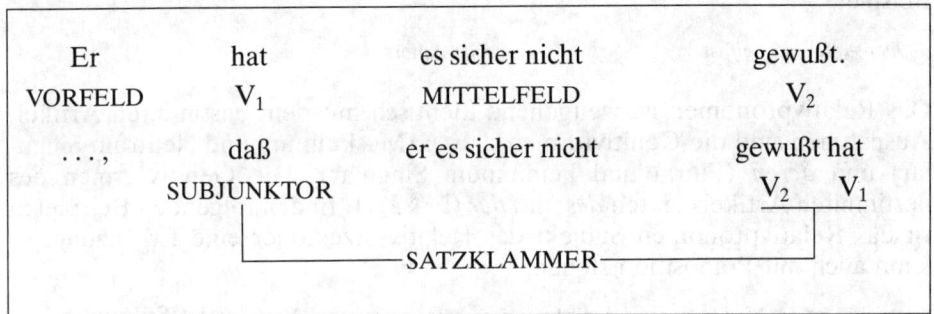

Nebensätze können genauso wie Hauptsätze ein Nachfeld haben:

..., so daß	die Reise länger	dauerte	als geplant.
SUBJUNKTOR	MITTELFELD	V_1	NACHFELD

Wichtig:
Bei den Modalverben (*können, wollen, sollen, müssen, dürfen, mögen, brauchen*) ist das Partizip II identisch mit dem Infinitiv ($\triangleright$ §§ 62–75). Steht ein Modalverb im Perfekt (oder Plusquamperfekt), dann steht V_1 vor V_2:

..., daß er nicht hat kommen können.	(*können* = Infinitiv und Partizip II)
V_1 $\quad$ V_2	

Wenn diese Verben aber ohne Infinitiv gebraucht werden, dann steht V_1 regulär am Ende, und das Partizip II hat die Form *ge - t*:

> ..., daß er es nicht gekonnt hat.

187

Sätze mit den Subjunktoren *daß* und *ob* behandeln wir in den Kapiteln über Verb (▷ §§ 128–130), Substantiv (▷ §§ 207–209) und Adjektiv (▷ §§ 263, 265).

365 Relativsätze

Der Brief, *den* ich nicht mehr erwartet hatte, kam heute morgen an.

Man sieht an diesem Beispiel eine Besonderheit des Relativsatzes: Sein Subjunktor ist das „Relativpronomen". Eine weitere Besonderheit: Der Relativsatz ist immer ein Attribut, während *daß*-Sätze und *ob*-Sätze verschiedene Funktionen haben können, nämlich Subjekt, Akkusativergänzung und Attribut. Die Attributfunktion des Relativsatzes erkennt man in dem folgenden Beispiel:

Der Apfel, *der reif ist*, ...   Der *reife* Apfel.

366 Das Relativpronomen ist weitgehend identisch mit dem bestimmten Artikel, Ausnahmen sind die Genitivformen *dessen* (Maskulinum und Neutrum Singular) und *deren* (Plural und Femininum Singular). Die Genitivformen des bestimmten Artikels lauten *des* und *der* (▷ § 211). In den folgenden Beispielen ist das Relativpronomen Subjekt des Relativsatzes oder eine Ergänzung; es kann auch mit Präposition stehen:

Aspirin ist das Medikament, *das* mir bei Kopfschmerzen immer hilft. (*das* ist Subjekt.)

Mein Kollege, *dem* ich vieles zu verdanken habe, ist leider ins Ausland gegangen. (*dem* ist Dativergänzung.)

Die Jahre, *die* ich am Bodensee verbrachte, waren die schönsten meines Lebens. (*die* ist Akkusativergänzung.)

Der Erfolg, *mit dem* er schon nicht mehr gerechnet hatte, stellte sich kurz vor seiner Pensionierung ein. (*mit dem* ist Präpositionalergänzung.)

Das Verbrechen, *dessen* er beschuldigt wurde, hatte er gar nicht begangen. (*dessen* ist Genitivergänzung.)

367 Das Relativpronomen kann aber auch Attribut eines Satzgliedes sein:

Die Studentin, *deren* ⎫
Der Kommilitone, *dessen* ⎬ Namen ich vergessen hatte, rief mich gestern wieder an.

deren und *dessen* entsprechen einem Genitivattribut.

Ich hatte den Namen *der Studentin* bzw. *des Kommilitonen* vergessen.

Wichtig: Das Wort, vor dem *dessen* steht (hier: *Namen*), hat keinen Artikel.

Hinweis

Relativsätze mit den Pronomina *dessen* und *deren* kommen hauptsächlich in der geschriebenen Sprache vor.

Relativsätze stehen hinter ihrem Bezugwort. Aber sie müssen nicht unmittelbar dahinter stehen: **368**

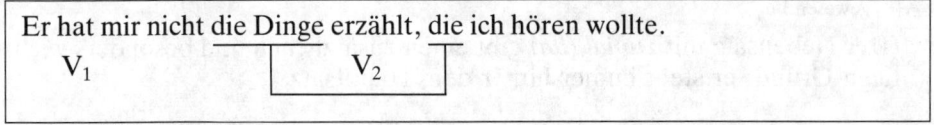

Dieses Beispiel zeigt auch, daß Relativsätze zu den Satzgliedern gehören, die im Nachfeld stehen können (▷ §§ 342–345).

Angabesätze (Adverbialsätze)   369

Die folgenden Nebensatztypen sind satzförmige Angaben. Zur Erinnerung: Angaben sind unspezifische Satzglieder (▷ § 330).

Kausalsätze

> *Weil* ihm der Koffer zu schwer war, setzte er ihn ab.
> *Da* mir der Film überhaupt nicht gefiel, ging ich bereits vor Schluß der Vorstellung.

Lateinisch *causa* bedeutet ‚Ursache, Grund'. Kausalsätze bezeichnen somit die Ursache oder den Grund eines Vorganges oder einer Handlung.
Subjunktoren: *weil* und *da*.
Der *da*-Satz steht meist vor dem Hauptsatz, der *weil*-Satz vor oder hinter dem Hauptsatz.

Es gibt eine Reihe anderer Möglichkeiten, eine kausale Relation auszudrücken. Die wichtigsten drei Möglichkeiten sind: **370**

– Hauptsatz mit *denn:*

> Ich habe die letzte Nacht hindurch gearbeitet, *denn* ich will das Manuskript rechtzeitig abgeben.

(Der *denn*-Satz ist ein selbständiger Hauptsatz und somit keine Angabe; er steht immer hinter dem ersten Hauptsatz.)

– präpositionale Angaben:

> Das Verbrechen geschah *aus* Eifersucht. (▷ § 299)
> *Vor* Wut wurde Fritz ganz rot im Gesicht. (▷ § 305)
> Der Tod trat *durch* Herzstillstand ein.

– *zumal (da):*

> Ich muß mich mit meiner Arbeit sehr beeilen, *zumal (da)* ich in den letzten Wochen ziemlich faul gewesen bin.

(Der Nebensatz mit *zumal (da)* gibt einen zusätzlichen und besonders wichtigen Grund; er steht immer hinter dem Hauptsatz.)

371 Konditionalsätze

> *Wenn* ich die Prüfung bestehe, werde ich mir einen Job suchen.
> *Falls* ich noch Karten bekomme, werde ich mir „La Traviata" ansehen.

Lateinisch *conditio* = ‚Bedingung'. Konditionalsätze nennen die Bedingung, unter der etwas passiert.
Subjunktoren: *wenn, falls* und *sofern.*
In den Sätzen mit *falls* und *sofern* ist die Unsicherheit, ob die Bedingung auch wirklich eintritt, etwas größer.

372 Eine konditionale Relation kann man auch anders ausdrücken:

– *unter der Voraussetzung/Bedingung, daß* . . . :

> *Unter der Voraussetzung/Bedingung, daß* Ihr mir die ganze Wahrheit erzählt, bin ich bereit, Euch zu helfen.

– Nebensatz mit Erststellung des Verbs:

> *Kommt* es zu keiner Einigung, kann das Projekt nicht realisiert werden.
> *Sollte* es zu keiner Einigung kommen, kann das Projekt nicht realisiert werden.

(Konditionalsätze dieser Art können nur am Satzanfang stehen.)

– präpositionale Angaben mit *bei:*

> *Beim* Bedienen dieser Maschine muß man darauf achten, daß man sich nicht verletzt.

(= wenn man diese Maschine bedient, muß . . .)

373 Eine Besonderheit ist der Konditionalsatz mit Konjunktiv II:

> Wenn ich von der Sache früher erfahren *hätte, wäre* viel Ärger vermieden worden.

Nebensatz und Hauptsatz stehen im Konjunktiv II; Subjunktor ist immer *wenn* (*falls* kommt hier nicht vor). Dieser Konditionalsatz sagt etwas darüber aus, ob die Bedingung überhaupt realisierbar ist und die Folge eintreten kann. Man unterscheidet zwei Möglichkeiten:

(a) Die Bedingung kann eintreten, aber sehr wahrscheinlich ist das nicht:

> Wenn er uns anriefe, wüßten wir genaueres. (= es ist nicht sehr wahrscheinlich, aber denkbar, daß er uns anruft)

(b) Die Bedingung kann nicht mehr eintreten:

> Wenn er uns angerufen hätte, hätten wir genaueres gewußt. (= er hat uns nicht angerufen)

Die Variante (a) nennt man einen „potentiellen" und die Variante (b) einen „irrealen Konditionalsatz". Steht also der Konjunktiv II der Vergangenheit (b), so kann die Bedingung nicht realisiert werden. Der Kontext kann jedoch auch dem Konjunktiv II der Gegenwart, der ja eigentlich potentiell ist, eine irreale Bedeutung zuweisen:

> Leider regnet es. Wenn das Wetter schön *wäre, könnten* wir an die Ostsee fahren.
(Das Wetter ist nicht schön, und wir können deshalb nicht wegfahren.)

Finalsätze   374

Lateinisch *finis* bedeutet u. a. ‚Ziel, Zweck'. Finalsätze nennen also den Zweck einer Handlung. Im Hauptsatz wird die Handlung genannt, die ausgeführt wird, um diesen Zweck zu erreichen:

MITTEL	ZWECK
Ich fahre in die Stadt,	um mir ein Paar Schuhe zu kaufen.

In diesem Beispiel ist die handelnde Person des Nebensatzes dieselbe wie die des Hauptsatzes (Ich kaufe ein Paar Schuhe. Ich fahre in die Stadt.) In solchen Fällen verwendet man meist *um* + Inf$_{zu}$; der Infinitiv steht dabei am Satzende. Der *um-zu*-Satz kann aber auch den ganzen Satz einleiten:

> Um mir ein Paar Schuhe zu kaufen, fahre ich in die Stadt.

Wenn die handelnden Personen von Haupt- und Nebensatz aber nicht identisch sind, verwendet man einen *damit*-Satz:

> Ich muß den Schnee vor meinem Haus wegräumen, *damit* niemand hinfällt.

Der *damit*-Satz steht im Indikativ (▷ § 5), und auch er kann den Satz einleiten:

> *Damit* niemand hinfällt, muß ich ...

375 Konzessivsätze

> *Obwohl* Klaus alle Prüfungen bestanden hat, halten ihn seine Freunde für nicht besonders fleißig.

Von lateinisch *concessio* (,Zugeständnis') kommt das Adjektiv *konzessiv*. In einem konzessiven Satzgefüge (obiges Beispiel) stehen zwei Tatsachen oder zwei Vorgänge in einem Gegensatz zueinander. Die eine Tatsache (*obwohl*-Satz) wird nicht bestritten, d. h. zugestanden, sie ist aber nicht stark oder wichtig genug, um sich gegen die andere zu behaupten. Vergleichen Sie:

> *Weil* es regnete, blieben wir zu Hause. (Eine Ursache, der Regen, hat die erwartete Wirkung.)
> *Obwohl* es regnete, machten wir einen Spaziergang. (Eine Ursache hat nicht die erwartete Wirkung.)

Dieses Beispiel zeigt: Der *obwohl*-Satz nennt meistens einen sogenannten unwirksamen Gegengrund.
Subjunktoren: *obwohl, obgleich, obschon.*

376 Eine konzessive Relation zwischen zwei Sätzen kann man auch so ausdrücken:

– zwei Hauptsätze, im zweiten steht *trotzdem:*

> Es regnete. { Wir machten *trotzdem* / *Trotzdem* machten wir } einen Spaziergang.

(*trotzdem* ist eine konzessive Angabe. In der gesprochenen Sprache wird *trotzdem* oft genauso wie der Subjunktor *obwohl* verwendet: *Trotzdem* es regnete, machten wir einen Spaziergang.[1])

– Die folgenden Nebensätze mit *und wenn, auch wenn* oder *wenn... auch* werden seltener als diejenigen mit *obwohl* verwendet und erscheinen hauptsächlich in der geschriebenen Sprache:

> *Wenn* er *auch* / *Auch wenn* er / *Und wenn* er } noch so schlecht verdiente, ging er sonntags essen.

– *trotz* + Gen.:

> *Trotz* der schlechten Nachricht war er ausgeglichen wie immer.

---

1 Vorsicht! Sätze wie dieser (mit *trotzdem*) werden nicht überall akzeptiert.

Konsekutivsätze 377

Er fuhr *so* schnell in die Kurve, *daß* er die Kontrolle über den Wagen verlor.

Konsekutiv ist Adjektiv zum lateinischen *consecutio* (,Folge'). Konsekutivsätze benennen somit Vorgänge, die sich als Folge anderer Vorgänge ergeben. Subjunktor: *daß;* im Hauptsatz steht *so,* aber auch ein attributives *solch:*

Karl trug bei dem Unfall *solche* Verletzungen davon, *daß* er zwei Monate im Krankenhaus bleiben mußte.

Als Subjunktor kommt auch *so daß* vor:

Er war ganz durcheinander, *so daß* ihm die richtige Antwort nicht einfiel.

Wenn eine Folge, die man erwarten könnte, nicht eintritt, spricht man von **378** einem „negativen Konsekutivsatz". Hier benutzt man *ohne* + Inf$_{zu}$:

Bei 8 Grad Celsius schwamm mein Großvater im See, *ohne* sich *zu erkälten.*

Möglich ist auch: ..., *ohne daß* er sich erkältete.[1]

Man kann außerdem noch sagen, weshalb eine bestimmte Folge gar nicht **379** eintreten kann; vergleichen Sie die beiden folgenden Möglichkeiten:

Der Koffer ist *so* schwer, *daß* man ihn nicht zum Bahnhof tragen *kann.*

Der Koffer ist *zu* schwer, *als daß* man ihn zum Bahnhof tragen *könnte.*

(Im *als-daß*-Satz + Konj. II steht immer das, was man *nicht* kann; er ist deshalb nie verneint.)

---

1 Vorsicht: Nicht jeder Satz mit *ohne daß* und *ohne* + Inf$_{zu}$ ist als negativer Konsekutivsatz zu interpretieren:

Fritz ging weg, ohne daß ich ihn bemerkte.

Er ging weg, ohne sich noch einmal umzusehen.

Hier werden im Nebensatz zwei nicht-vollzogene Handlungen genannt, die aber nicht in einem Folgeverhältnis zur Handlung des Hauptsatzes stehen.

380 Adversativsätze

> *Während* die Frauen der „schwarzen Seite" mit der Straßenbahn fahren, nehmen die Frauen der „grünen Seite" den Zweitwagen.

Adversativ kommt von lateinisch *adversus* (,gegenüber'). Adversativsätze benennen einen Gegensatz, in dem Haupt- und Nebensatz stehen.
Subjunktor: *während.*
Adversative Relationen kann man auch so ausdrücken:

- *aber/doch:*   Zunächst hatten sie keine Lust, sich zum Karneval zu verkleiden, *aber/doch* später taten sie es.
- *sondern:*   Ich zahle nicht bar, *sondern* mit Scheck.[1]

381 Komparativsätze

> Die Arbeit geht langsam*er* voran, *als* ich gedacht habe.

Lateinisch *comparare* bedeutet ,vergleichen'. In Komparativsätzen werden also Vergleiche angestellt. Man unterscheidet sie danach, ob die Dinge, die verglichen werden, gleich oder ungleich sind.

Gleichheit:

> Das Wetter ist *(genau)so* naßkalt, *wie* es im letzten Jahr zur gleichen Zeit war.
> Fred besitzt *(genau)so* einen Sportwagen, *wie* ich ihn mir immer gewünscht habe.

Subjunktor: *wie,* im Hauptsatz steht *(genau)so.*

Ungleichheit:

> Hier wird *anders* gearbeitet, *als* ich es gewohnt bin.

Subjunktor: *als,* im Hauptsatz steht entweder *anders* oder ein Adjektiv/Adverb im Komparativ (im Beispiel ganz oben).

382

Manchmal sieht es aber nur so aus, als seien Dinge gleich. Um dies auszudrücken, verwendet man einen sogenannten irrealen Vergleichssatz (mit Konj. II):

> Erika sieht aus, $\begin{cases} \text{*als hätte* sie Fieber.[2] (Verb an zweiter Stelle!)} \\ \text{*als ob* sie Fieber *hätte*.} \end{cases}$

---

1 Adversative Angaben: *dennoch, demgegenüber, jedoch, im Gegensatz dazu.*
2 Hier kommt auch der K I vor: ..., *als habe sie Fieber.*

(Die erste Variante mit *als* kommt meistens in der Schriftsprache vor, die zweite auch in der gesprochenen Sprache; dort wird nach *als ob* auch der Indikativ (▷ § 5) verwendet: ..., als ob sie Fieber *hat*.)

Temporalsätze 383

Als ich 16 war, hatte ich Liebeskummer.

In Temporalsätzen werden Zeitverhältnisse beschrieben (lateinisch *tempus* = ‚Zeit‘). Folgende Zeitverhältnisse kann man unterscheiden:
– Nebensatz und Hauptsatz „sind" gleichzeitig,
– der Nebensatz „ist" früher als der Hauptsatz (Vorzeitigkeit),
– der Nebensatz „ist" später als der Hauptsatz (Nachzeitigkeit).

Gleichzeitigkeit 384

Während Fritz telefonierte, blätterte er in seinem Terminkalender. (Zwei Vorgänge laufen parallel; auch in der Gegenwart möglich.)
Als ich bezahlen wollte, fiel mir das Portemonnaie aus der Hand. (Nach *als* steht ein einmaliger Vorgang in der Vergangenheit.)
(Jedesmal/immer) wenn ich ihn traf, fragte er nach meiner Dissertation. (Wiederholtes Geschehen; auch in der Gegenwart möglich: *Jedesmal/immer* wenn ich ihn treffe, fragt...)

Vorzeitigkeit (Nebensatz früher als Hauptsatz) 385

Nachdem Fritz telefoniert hatte, dachte er lange nach. (= erst telefonierte er, dann dachte er nach; einmaliges Geschehen in der Vergangenheit; nach *nachdem* steht meist das Plusquamperfekt, im Hauptsatz das Präteritum.)
(Immer/jedesmal) wenn er beim Mensch-ärgere-dich-nicht verloren hatte, ärgerte er sich gewaltig. (wiederholtes Geschehen in der Vergangenheit)

Nachzeitigkeit (Nebensatz später als Hauptsatz) 386

Ehe/bevor du abreist, ruf mich bitte noch einmal an!
Ehe/bevor er abreiste, rief er sie noch einmal an.

(Temporale Angaben ▷ § 333.)

Wortbildung

387 Die Bedingungen, unter denen Menschen leben, ändern sich, und die Sprache als Mittel der Kommunikation muß dem laufend angepaßt werden. Dies geschieht u. a. dadurch, daß neue Wörter gebildet und verwendet werden. Wörter werden aber normalerweise nicht völlig neu geprägt, sondern auf der Basis schon vorhandener Wörter gebildet. Man nennt diesen Vorgang Wortbildung. Jedem, der deutsche Texte liest, kann es passieren, daß er Wörter findet, die in keinem Wörterbuch stehen. Man kann aber unbekannte Wörter oft aufgrund der Art, wie sie gebildet sind, verstehen. Deshalb ist es gut, wenn man einige Grundregeln der Wortbildung im Deutschen kennt. Im wesentlichen sind die Wortarten Substantiv, Adjektiv und Verb für die Wortbildung interessant.

388 ## Komposition[1] und Derivation[2]

KOMPOSITION	DERIVATION
Wörter-buch[3] *Kommunikations-mittel* *Grund-regel*	*augenblick-lich* *ver-stehen*
zwei selbständige Wörter, das erste nennt man „Bestimmungswort" (z. B. *Wörter*), das zweite „Grundwort" (z. B. *-buch*). Ein so gebildetes Wort nennt man „Kompositum" (Plur.: Komposita).	ein selbständiges Wort („Grundwort"), ein Wortteil ist kein selbständiges Wort, z. B. *-lich* oder *ver-*. Ein so gebildetes Wort nennt man „Derivat".

---

1 In Grammatiken findet man dafür auch die Bezeichnung „Zusammensetzung".
2 In Grammatiken findet man dafür auch die Bezeichnung „Ableitung".
3 Normalerweise schreibt man diese Wörter nicht mit Bindestrich. Das geschieht hier und auf den folgenden Seiten nur zur Verdeutlichung.

Betonung und Grammatik der Komposita   389

Das Bestimmungswort hat die Funktion eines Attributes. Vergleichen Sie:

Kuhmilch ist *Milch von einer Kuh.*
Milchkuh ist *eine Kuh, die Milch gibt.*

Man kann die Reihenfolge Bestimmungswort – Grundwort meist nicht umkehren; wenn es dennoch möglich ist wie in dem obigen Beispiel, ändert sich die Bedeutung des Kompositums; vgl. auch: *Hochhaus* und *haushoch.* Betont wird immer das Bestimmungswort, nicht das Grundwort:

Mílch-kuh, Kúh-milch, Grúnd-regel

Attributive Adjektive sowie bestimmte und unbestimmte Artikel beziehen sich immer auf das Grundwort. Das Geschlecht eines Kompositums hängt also vom Grundwort ab:

das neue Wörter-buch   die wichtige Grund-regel

Das Bestimmungswort hat also weder einen Artikel noch ein attributives Adjektiv. In dem Beispiel: *Die wichtige Grundregel* ist also die *Regel* grammatisch wichtig und nicht der *Grund.* Das Grundwort bestimmt auch den Plural des Kompositums:

die Grund-regel-n
(die Regel – die Regeln, der Grund – die Gründe)

Präfixe und Suffixe   390

Bei Derivationen muß man unterscheiden, ob das unselbständige Element vor oder hinter dem Grundwort steht:

Präfixe stehen **vor** dem Grundwort:
ver-stehen
un-gut

Suffixe stehen **hinter** dem Grundwort:
Schnell-*igkeit*
sicht-*bar*

391 Derivation von einer Wortgruppe[1]

Bericht-erstatt-er

In diesem Falle wird ein Wort nicht von einem Grundwort, sondern von einer Wortgruppe (z. B. *Bericht erstatten*) gebildet. Solche Wortgruppen bestehen meist aus zwei Wörtern:

Aufgaben-stell-ung ← *Aufgaben stellen*
Stellung-nahm-e ← *Stellung nehmen*
Bericht-erstatt-ung ← *Bericht erstatten*

Häufig werden mit Hilfe des Suffixes *-er* aus Wortgruppen Personen- oder Gegenstandsbezeichnungen gebildet:

Auftrag-geb-er ← *jemand, der einen Auftrag / Aufträge gibt*
Wasser-koch-er ← *etwas, womit man Wasser kocht*
Rad-fahr-er ← *jemand, der radfährt*
Feuer-lösch-er ← *etwas, womit man Feuer löscht*

Die Derivation von einer Wortgruppe gibt es auch bei Adjektiven:

links-rhein-isch ← *links des Rheins*
außer-europä-isch ← *außerhalb Europas*
inner-partei-lich ← *innerhalb der / einer Partei*
vor-kant-isch ← *vor Kant / vor der Zeit Kants*
vier-bein-ig ← *mit vier Beinen*
blau-äug-ig ← *mit blauen Augen*

Bei der Derivation von einer Wortgruppe werden nur Suffixe, keine Präfixe verwendet.

392 Verteilung der Wortbildungstypen auf die Haupt-Wortarten

Komposition: hauptsächlich bei Substantiven und Adjektiven
Präfixbildung: hauptsächlich bei Verben
Suffixbildung: hauptsächlich bei Substantiven und Adjektiven

Man sieht: Die Wortbildung der Verben unterscheidet sich deutlich von derjenigen der Substantive und Adjektive.

---

1 Grammatiken der deutschen Sprache nennen diesen Typ auch Wortgruppenderivation, Wortgruppenableitung oder Zusammenbildung.

Wortbildung des Substantivs   393

Die wichtigsten Wortbildungsprozesse des Substantivs sind Derivation durch Suffixe und Komposition.

Suffixe   394

-ung   Mit Hilfe dieses Suffixes werden im heutigen Deutsch viele neue Wörter gebildet. Grundwort ist meistens ein Verb: *klären - die Klärung*. Dabei bedeutet *Klärung* den Vorgang des Klärens, es handelt sich also bei den Substantiven auf *-ung* meistens um Vorgangsbezeichnungen.[1] Daneben gibt es eine Reihe von Sachbezeichnungen auf *-ung: Kleidung, Öffnung, Zeitung*. Substantive auf *-ung* sind immer feminin.

-heit   Auch dieses Suffix ist sehr häufig. Grundwort ist meistens ein einsilbiges   395
Adjektiv: *Frech-heit, Schön-heit, Schlau-heit* etc. oder ein Part. II: *Gegeben-heit, Entschlossen-heit, Beliebt-heit* etc.
Seltener sind zweisilbige Adjektive als Grundwörter: *Sicher-heit, Dunkel-heit*.
Die Substantive bezeichnen in den meisten Fällen Eigenschaften, gelegentlich jedoch auch Handlungen, die diese Eigenschaften an sich haben:

Eine Dummheit macht auch der Klügste. (deutsches Sprichwort)

Substantive auf *-heit* sind feminin.

-keit   Mit diesem ebenfalls sehr häufigen Suffix werden Substantive von   396
Adjektiven auf *-ig, -lich, -sam* und *-bar* gebildet: *Notwendig-keit, Ehrlich-keit, Einsam-keit, Ermüdbar-keit*. Einen Bedeutungsunterschied zwischen *-heit* und *-keit* gibt es nicht.

-igkeit   ist eine Variante zu *-keit*. Grundwörter sind meistens Adjektive auf   397
-los und *-haft. Interesselos-igkeit, Wahrhaft-igkeit. -igkeit* hat auch einige einsil-bige Adjektive als Grundwort: *Hell-igkeit, Schnell-igkeit, Müd-igkeit, Nett-igkeit, Feucht-igkeit, Zäh-igkeit*. Substantive auf *-keit* und *-igkeit* sind feminin.[2]

-schaft   Nicht so häufig wie die zuvor genannten Suffixe ist *-schaft*. Es wird oft   398
als Kollektivbezeichnung verwendet: *Arbeiter-schaft*. Grundwörter können aber auch Infinitive und Part. II sein: *Wissen-schaft, Gefangen-schaft*. Substan-tive auf *-schaft* sind immer feminin.

---

1 Grammatiken sprechen hier auch von Nomina actionis.
2 Mit *-igkeit* werden auch Substantive von den Adjektiven *genau* und *gerecht* gebildet.

399 **-er** Mit Hilfe dieses sehr produktiven Suffixes werden (meist zu Verben) Personen- oder Sachbezeichnungen gebildet: *Bergsteig-er* ist jemand, der auf Berge steigt; *Blink-er* ist ein Gegenstand, der blinkt (Beispiele ▷ § 391).

400 **-ion** Die Grundwörter sind meistens Verben auf *-ieren: Qualifikat-ion, (qualifizieren), Demonstrat-ion (demonstrieren), Variat-ion (variieren).* Von einem Adjektiv kommt *Diskret-ion.*

401 **-tät** Suffix meist von Adjektiven und dann in der Form **-ität**: *Agressiv-ität, Brutal-ität.* Ohne *-i-*: *Fakul-tät, Pie-tät.* Substantive auf *-ion* und *-tät* sind feminin.

402 Komposita

Bei substantivischen Komposita ist das Grundwort immer ein Substantiv, das Bestimmungswort, d. h. der erste Bestandteil des Kompositums, ist in den meisten Fällen ein Substantiv, ein Adjektiv oder ein Verb: *Tiefgarage, Prüfungskommission, Leselampe.* In vielen Fällen kann man beide Bestandteile in eine Wortgruppe umformen, die die Bedeutung des Kompositums deutlich macht:

> Eine *Tief-garage* ist eine Garage, die tief ist/liegt (d. h. unter der Erde).
> Eine *Prüfungs-kommission* ist eine Kommission, die jemanden prüft.
> Eine *Lese-lampe* ist eine Lampe zum Lesen.

Man sieht an diesen Beispielen, daß die Bedeutungsbeziehung zwischen Grund- und Bestimmungswort sehr unterschiedlich ist. Dies wird noch deutlicher, wenn man gleich gebaute Komposita vergleicht:

> Eine *Blumen-vase* ist eine Vase für Blumen (sie hat einen bestimmten Zweck).
> Eine *Porzellan-vase* ist eine Vase aus Porzellan (aus einem bestimmten Material).
> Eine *Regierungs-erklärung* ist eine Erklärung, die von einer Regierung abgegeben wird.
> Eine *Bankrott-erklärung* ist eine Erklärung, daß jemand bankrott ist.

403 Wortbildung des Adjektivs

Die wichtigsten Wortbildungsprozesse sind Derivation durch Suffixe sowie Komposition.

Komposition 404

Eine Reihe von adjektivischen Komposita läßt sich in eine Wortgruppe mit Präposition umwandeln:

magen-krank → *krank am Magen*
erfolgs-orientiert → *orientiert am Erfolg*
praxis-bezogen → *bezogen auf die Praxis*

Eine Vergleichsbedeutung haben z. B. folgende Komposita:

aal-glatt → *glatt wie ein Aal*
stahl-hart → *hart wie Stahl*
gras-grün → *grün wie Gras*

Das Grundwort kann auch ein Part. I sein; das Bestimmungswort ist dann **405** meist als Akkusativobjekt zu interpretieren:

Ein *fieber-senkendes* Mittel ist ein Mittel, das das Fieber senkt.
Ein *aufsehen-erregendes* Ereignis ist ein Ereignis, das Aufsehen erregt.
Ein *energie-sparendes* Verfahren ist ein Verfahren, das Energie spart.

Dieser Typus ist sehr produktiv.

Adjektive auf *-fähig, -willig,* und *-pflichtig* gehen meist auf Wortgruppen mit **406** den Modalverben *können, wollen* und *müssen/sollen* zurück:

Ein *transport-fähiger* Kranker ist ein Kranker, der transportiert werden *kann.*
Arbeits-willig ist jemand, der arbeiten *will.*
Ein *rezept-pflichtiges* Medikament ist ein Medikament, für das man ein Rezept haben *muß.*

Suffixe 407

-bar Dieses sehr häufige Suffix hat die Bedeutung eines Verbs im Passiv + *können.* Sein Grundwort ist meist ein Verb: *trink-bar* ist etwas, das *getrunken werden kann.* Keine Passivbedeutung haben: *brennbar, streitbar.* Ein Substantiv als Grundwort haben: *fruchtbar, jagdbar, gangbar* und *sichtbar.*

-er Mit diesem Suffix werden Herkunftsbezeichnungen gebildet: *der Hamburger Hafen, die Schweizer Alpen.* Zwei Besonderheiten sind hier zu beachten: Solche Adjektive werden groß geschrieben, und sie haben keine Adjektivendung. **408**

409 **-ig** ist ebenfalls sehr häufig und hat meist ein substantivisches Grundwort. Es hat zahlreiche Bedeutungen, die wichtigsten sind: (a) ein Vergleich: *schwammig* = wie ein Schwamm, *seidig* = wie Seide etc., (b) die Neigung zu einem bestimmten Verhalten (hier ist das Grundwort ein Verb): *zappelig, schläfrig*.

410 **-isch** hat ebenfalls meist ein substantivisches Grundwort und ist sehr produktiv. Gegenüber *-ig* hat es jedoch eine Besonderheit: Seine Grundwörter sind besonders häufig Fremdwörter (*biologisch, indianisch, tyrannisch* etc.) und Eigennamen (*kantisch, bairisch, kanadisch* etc.).

411 **-lich** ist gleichfalls sehr produktiv. Im Gegensatz zu *-ig* und *-isch* hat es jedoch häufig auch Verben als Grundwörter. In diesem Falle hat *-lich* ebenso wie *-bar* die Bedeutung eines Verbs im Passiv + *können: verzeih-lich* ist etwas, das verziehen werden kann (ebenso: *entbehrlich, verkäuflich* etc.). Einige dieser Adjektive kommen nur mit dem Präfix *un-* vor: *unsäglich, unaussprechlich*. Keine Passivbedeutung haben: *abkömmlich* und *bekömmlich*. Ein Adjektiv als Grundwort haben z. B. *grünlich,[1] dicklich, süßlich*. Von einem Substantiv abgeleitet sind: *zeitlich, polizeilich, elterlich* etc. Ein Bedeutungsunterschied zwischen *-lich* und *-ig:*

zweistünd*ig* ist etwas, das zwei Stunden dauert. (Dauer)

zweistünd*lich* ist etwas, das alle zwei Stunden stattfindet. (Intervall)

412 **-los** hat fast nur substantivische Grundwörter. Adjektive mit *-los* drücken aus, daß die Sache, die mit dem Grundwort bezeichnet wird, nicht vorhanden ist: *charakter-los* ist jemand, der keinen Charakter hat. Adjektive mit *-los* bezeichnen oft negative Eigenschaften wie in diesem Beispiel (vgl. auch *hemmungslos, treulos, willenlos*), aber auch positive Eigenschaften: *fehlerlos, tadellos*. Das Suffix *-frei*, das auch das Nichtvorhandensein einer Sache ausdrückt, bezeichnet dagegen fast nur positive Eigenschaften: *alkoholfrei, staubfrei, holzfrei* etc. (ein *charakterfrei gibt es also nicht). Vgl. *arbeitslos* und *arbeitsfrei* (letzteres gilt als positiv).

413 **Präfixe**

Es gibt nicht sehr viele adjektivische Präfixe: die wichtigsten sind die gleichen wie beim Substantiv, nämlich *un-* und *miß-*. Beide haben die Bedeutung einer Negation: *unklar* ist *nicht klar, miß-* verbindet sich mit einigen Adjektiven und

---

1 Eine Reihe von Farbadjektiven wird so gebildet, z. B. *rötlich, gelblich, bläulich*. Bedeutung: kein volles Rot, Gelb oder Blau, sondern diese Farben in abgeschwächter Form.

Partizipien II: *mißverständlich, mißmutig, mißtrauisch, mißvergnügt, mißgelaunt.*

Kombination adjektivischer und substantivischer Suffixe 414

	-heit	-keit	-igkeit
einsilbige Adjektive	Schön-heit	–	Schnelligkeit[1]
mehrsilbige Adjektive auf:			
-er	(Sicher-heit)[2]	Heiter-keit	–
-el	(Dunkel-heit)[2]	Eitel-keit	–
-bar	–	Fruchtbar-keit	–
-haft	–	–	Ernsthaft-igkeit
-los	–	–	Verantwortungslos-igkeit
-ig	–	Wichtig-keit	–
-isch	–	–	–
-lich	–	Häßlich-keit	–
-mäßig	–	Verhältnis-mäßig-keit	–
-sam	–	Wirksam-keit	–
Part. II[3]	Besonnen-heit	–	–

Wichtig ist: *-keit* steht nie hinter einer betonten Silbe (*-lich, -sam, -ig* etc. sind unbetont).

Wortbildung des Verbs 415

Ganz im Gegensatz zu den Substantiven und Adjektiven spielt die Komposition und die Suffixbildung beim Verb nur eine geringe, die Präfixbildung dagegen eine sehr große Rolle.

---

1 Außerdem: *Leichtigkeit, Nettigkeit, Feuchtigkeit, Zähigkeit, Helligkeit.*
2 Bei diesen Wörtern handelt es sich um Ausnahmen.
3 Das Part. I hat normalerweise kein Suffix, mit dessen Hilfe ein Substantiv gebildet wird. Eine Ausnahme ist *Anwesenheit* von *anwesend* (das *-d* ist ausgefallen).

416 Komposition

Als erster Bestandteil von Komposita dieses Typus treten Verben und Adjektive auf:

Verben: *kennenlernen, sitzenbleiben, verlorengehen* etc.
Adjektive: *warmstellen, trockenreiben, schwerfallen* etc.

Eigentlich handelt es sich in diesen Fällen eher um eine Zusammenschreibung von Wörtern, die früher einmal getrennt geschrieben und als zwei verschiedene Wörter behandelt wurden.

417 Suffixe

Die Suffixbildung spielt bei Verben kaum eine Rolle. Als Suffixe treten auf: *-ig- (reinigen), -er- (klappern), -ier- (demonstrieren), -el- (wedeln)*. Eine eigene Bedeutung haben diese Suffixe nicht.

418 Präfixe

Dies ist der eigentlich wichtige Bereich für die Wortbildung des Verbs. Wir haben ihn aber oben schon unter den Verben mit trennbarem und untrennbarem Verbteil behandelt (▷ §§ 36–42). Deshalb an dieser Stelle nur einige Zusätze.

419 be-

(a) ‚etwas mit etwas versehen‘: *ein Buch bebildern* = ein Buch mit Bildern versehen. Außerdem: *beflaggen, beglückwünschen, bevollmächtigen, bemitleiden, beglücken, beschmutzen.*

(b) intransitive Verben werden transitiv. Vgl. *jemandem dienen – jemanden bedienen.* Außerdem: *beantworten, bedrohen, beherrschen, bestaunen, betreten, bezweifeln, bewachen, besorgen.*

420 ver-

(a) ‚machen zu‘. Substantivisches Grundwort: *verfilmen, verschrotten.* Adjektivisches Grundwort: *verbessern, verdünnen, vereinfachen, verschlechtern, verschönern.* Zu den Adjektiven auf *-lich: veranschaulichen, vereinheitlichen, veröffentlichen, verstaatlichen, verwirklichen, verdeutlichen.*

(b) ‚werden zu‘: *verarmen* = arm werden. Außerdem: *veralten* (nicht von Personen), *verblassen, verblöden, verstummen, verwildern.*

(c) ‚etwas in der falschen Weise machen‘: *verbiegen, verkennen, verführen, sich verlaufen, sich verfahren, sich verrechnen, sich verschreiben, sich versprechen.*[1]

(d) ‚etwas mit etwas versehen‘ (vgl. *be-*): *verkorken, versiegeln, verglasen, verchromen.*

ent- hat oft die Bedeutung: Beseitigung der Sache, die mit dem Grundwort **421** bezeichnet wird: *ent-fett-en* (= frei von Fett machen). Weitere Beispiele: *entwässern, -korken, -schwefeln, -giften, -siegeln, -haupten.*

er- Die drei wichtigsten Bedeutungen sind die folgenden: **422**
(a) ‚machen zu‘: *erheitern* = heiter machen. Außerdem: *-möglichen, -frischen, -müden, -schweren, -weichen, -weitern.*
(b) ‚werden zu‘: *er-wach-en* = wach werden. Außerdem: *erkalten, -blinden, -bleichen, -lahmen, -starren.*
(c) ‚durch eine Tätigkeit (die im Grundwort genannt ist) etwas erreichen‘. *sich etwas erarbeiten* = durch Arbeit etwas erreichen. Außerdem: *erbitten, -kämpfen, -wirken, -sparen, -ringen.*

Schlußbemerkung
423

Wir sagten oben, daß man in vielen Fällen die Bedeutung des Kompositums oder eines Derivates aus seinen Bestandteilen erschließen kann, ohne daß man im Wörterbuch nachsehen muß: Ein *Türschloß* ist ein Schloß einer Tür, *Rotwein* ist roter Wein, und *alkoholfrei* ist frei von Alkohol. Oft aber ergibt sich die Bedeutung nicht aus den Teilen eines Wortes: *unmutig* ist nicht jemand, der nicht mutig ist, sondern jemand, der schlechter Laune ist; eine *Mundart* ist nicht die Art des Mundes, sondern ein Dialekt; ein *Rotkehlchen* ist keine (kleine) rote Kehle, sondern der Name für einen kleinen Vogel, der eine rote Brust hat. Komposita oder Derivate dieser Art nennt man lexikalisiert.

---

1 Aber: *etwas versprechen.*

Anhang

Liste unregelmäßiger (starker) Verben

Hier werden nur die sogenannten Stammformen aufgeführt, d. h. der Infinitiv (und das Präsens, falls es einen anderen Vokal hat), das Präteritum und das Partizip II. Außerdem ist angegeben, ob das Perfekt mit *haben* oder mit *sein* gebildet wird. In einigen Fällen stehen beide Hilfsverben, weil manche Verben eine transitive Variante (mit Akkusativ ▷ § 50) und eine intransitive Variante haben. Die erste verlangt *haben,* die zweite *sein.* – Ein Strich über einem Vokal (z. B. ā) bedeutet: Der Vokal ist lang. Ein Haken (z. B. ă) bedeutet: Der Vokal ist kurz.

Schließlich enthält diese Liste auch einige der gebräuchlichsten regelmäßigen Verben, die in § 20 genannt sind.

Infinitiv (+ Präsens)	Präteritum	Partizip II	haben/sein
befēhlen (du befiehlst)	befähl	befōhlen	haben
begĭnnen	begănn	begŏnnen	haben
beißen	bĭß	gebissen	haben
bĕrgen (du bĭrgst)	bărg	gebŏrgen	haben
biegen	bōg	gebōgen	haben/(sein)
bieten	bōt	gebōten	haben
bĭtten	bāt	gebēten	haben
bĭnden	bănd	gebŭnden	haben
blāsen (du blăst, er blăst)	blies	geblāsen	haben
bleiben	blieb	geblieben	sein
bleichen	blĭch	geblĭchen	haben/sein
brāten (es brăt)	briet	gebrāten	haben
brĕchen	brāch	gebrŏchen	haben/sein
brĕnnen	brănnte	gebrănnt	haben
bringen	brăchte	gebrăcht	haben
dĕnken	dăchte	gedăcht	haben

Infinitiv (+ Präsens)	Präteritum	Partizip II	haben/sein
empfēhlen (du empfiehlst, er empfiehlt)	empfāhl	empfŏhlen	haben
erlŏschen[1] (es erlĭscht)	erlŏsch	erlŏschen	sein
erschrĕcken[2] (du erschrĭckst, er erschrickt)	erschrāk	erschrŏcken	sein
ĕssen (du ĭßt, er ĭßt)	āß	gegĕssen	haben
fāhren (du fāhrst, sie fāhrt)	fūhr	gefāhren	haben/sein
fāllen (du fāllst, es fāllt)	fiel	gefāllen	sein
fāngen (du fāngst, er fāngt)	fĭng	gefāngen	haben
fĕchten (du fĭchtst, er fĭcht)	fŏcht	gefŏchten	haben
fĭnden	fănd	gefŭnden	haben
fliegen	flōg	geflōgen	haben/sein
fliehen	flōh	geflōhen	sein/(haben)
fließen	flŏß	geflŏssen	sein
frĕssen (es frĭßt)	frāß	gefrĕssen	haben
frieren	frōr	gefrōren	haben
gebāren (sie gebārt/gebiert)	gebār	gebōren	haben[3]
gēben (du gĭbst, er gĭbt)	gāb	gegēben	haben
gēhen	gĭng	gegāngen	sein
gĕlten (es gĭlt)	gălt	gegŏlten	haben

---

1 Das einfache Verb *löschen* ist regelmäßig: *Die Feuerwehr hat den Brand gelöscht.*
2 Mit Akkusativ ist dieses Verb jedoch regelmäßig:
   Du hast mich sehr erschreckt. – Ich bin sehr erschrocken.
3 *Ich bin am... geboren* ist *sein*-Passiv.

Anhang

Infinitiv (+ Präsens)	Präteritum	Partizip II	haben/sein
gelĭngen	gelăng	gelŭngen	sein
genēsen	genās	genēsen	sein
genießen	genŏß	genŏssen	haben
gewĭnnen	gewănn	gewŏnnen	haben
gießen	gŏß	gegŏssen	haben
gleichen	glĭch	geglĭchen	haben
gleiten	glĭtt	geglĭtten	sein
grāben	grūb	gegrāben	haben
(du grābst, er grābt)			
greifen	grĭff	gegrĭffen	haben
hāben	hătte	gehăbt	haben
(ich hābe, du hast, er hat, wir hāben, ihr hābt/hăbt)			
halten	hielt	gehălten	haben
(du hăltst, er hălt)			
hăngen[1]	hĭng	gehängen	haben
heißen	hieß	geheißen	haben
hĕlfen	hălf	gehŏlfen	haben
(du hĭlfst, sie hĭlft)			
kĕnnen	kănnte	gekănnt	haben
klĭngen	klăng	geklŭngen	haben
kneifen	knĭff	geknĭffen	haben
kŏmmen	kām	gekŏmmen	sein
kriechen	krŏch	gekrŏchen	sein
lāden	lūd	gelāden	haben
(du lādst, er lādt)			
lässen	ließ	gelässen	haben
(du lăßt, er lăßt)			
laufen	lief	gelaufen	sein
(du läufst, es läuft)			
leiden	lĭtt	gelĭtten	haben
lēsen	lās	gelēsen	haben
(du liest, sie liest)			

---

1 Das transitive *hängen* wird regelmäßig konjugiert:
Er hängte das Bild an die Wand (... *hat* ... *gehängt*).

Infinitiv (+ Präsens)	Präteritum	Partizip II	haben/sein
liegen	lāg	gelēgen	haben[1]
lügen	lōg	gelōgen	haben
mählen	mählte	gemāhlen[2]	haben
meiden	mied	gemieden	haben
messen (du mĭßt, er mĭßt)	māß	gemĕssen	haben
nēhmen (du nĭmmst, sie nĭmmt)	nāhm	genŏmmen	haben
nĕnnen	nănnte	genănnt	haben
pfeifen	pfiff	gepfiffen	haben
quĕllen (es quillt)	quŏll	gequŏllen	sein
rāten (du rātst, er rāt)	riet	gerāten	haben
reiben	rieb	gerieben	haben
reißen	riß	gerĭssen	haben/sein[3]
reiten	ritt	gerĭtten	sein
rĕnnen	rănnte	gerănnt	sein
riechen	rŏch	gerŏchen	haben
rĭngen	răng	gerŭngen	haben
rĭnnen	rănn	gerŏnnen	sein
rūfen	rief	gerūfen	haben
sălzen	sălzte	gesălzen	haben[4]
saufen (es säuft)	sŏff	gesŏffen	haben
saugen	sōg	gesōgen	haben
scheiden	schied	geschieden	haben/sein
scheinen	schien	geschienen	haben

1 Süddeutsch: *sein* (vgl. *sitzen* und *stehen*)
2 Dieses Verb hat ein regelmäßiges Präteritum, aber ein unregelmäßiges Part. II (vgl. *salzen*).
3 Die transitive Variante hat *haben* (▷ § 50).
  Das Band ist gerissen. – Er hat das Papier in Fetzen gerissen.
4 Vgl. *mahlen.*

209

Infinitiv (+ Präsens)	Präteritum	Partizip II	haben/sein
schĕlten (du schĭltst, er schĭlt)	schălt	geschŏlten	haben
schieben	schōb	geschōben	haben
schießen	schŏß	geschŏssen	haben
schlāfen (du schlāfst, sie schlāft)	schlief	geschlāfen	haben[1]
schlāgen (du schlāgst, er schlāgt)	schlūg	geschlāgen	haben
schleichen	schlĭch	geschlĭchen	sein
schleifen	schlĭff	geschlĭffen	haben
schließen	schlŏß	geschlŏssen	haben[2]
schmĕlzen (es schmilzt)	schmŏlz	geschmŏlzen	haben/sein[3]
schneiden	schnĭtt	geschnĭtten	haben
schreiben	schrieb	geschrieben	haben
schreien	schrie	geschrieen	haben
schreiten	schrĭtt	geschrĭtten	sein
schweigen	schwieg	geschwiegen	haben
schwĕllen (es schwĭllt)	schwŏll	geschwŏllen	sein
schwĭmmen	schwămm	geschwŏmmen	sein/(haben)[4]
schwĭnden	schwănd	geschwŭnden	sein
schwĭngen	schwăng	geschwŭngen	haben
schwōren	schwōr/schwūr	geschwōren	haben
sēhen (du siehst, sie sieht)	sāh	gesēhen	haben
sein (ich bĭn, du bĭst, er ĭst, wir sĭnd, ihr seid, sie sĭnd)	wār	gewēsen	sein
sĕnden	sĕndete/săndte	gesĕndet/ge-săndt	haben

---

1 Aber: *Ich bin eingeschlafen.*
2 *Der Laden ist geschlossen* ist *sein*-Passiv.
3 *Die Sonne hat den Schnee geschmolzen* (transitiv). *Der Schnee ist geschmolzen* (intransitiv).
4 Als Beschäftigung: *Ich habe/bin vor dem Frühstück eine halbe Stunde geschwommen.*

Infinitiv (+ Präsens)	Präteritum	Partizip II	haben/sein
sĭngen	săng	gesŭngen	haben
sĭnken	sănk	gesŭnken	sein
sĭtzen	sāß	gesĕssen	haben/(sein)[1]
spĭnnen	spănn	gespŏnnen	haben
sprĕchen (du sprĭchst, sie sprĭcht)	sprāch	gesprŏchen	haben
sprießen	sprŏß	gesprŏssen	sein
sprĭngen	sprăng	gesprŭngen	sein
stĕchen (du stĭchst, er stĭcht)	stāch	gestŏchen	haben
stēhen	stānd	gestānden	haben/(sein)[2]
stēhlen (er stiehlt)	stāhl	gestŏhlen	haben
steigen	stieg	gestiegen	sein
stĕrben (er stĭrbt)	stărb	gestŏrben	sein
stĭnken (es stĭnkt)	stănk	gestŭnken	haben
stōßen (du stōßt, er stōßt)	stieß	gestōßen	haben/(sein)[3]
streichen	strĭch	gestrĭchen	haben
streiten	strĭtt	gestrĭtten	haben
trāgen (du trägst, er trägt)	trūg	getrāgen	haben
trĕffen (du trĭffst, sie trĭfft)	trāf	getrŏffen	haben
treiben	trieb	getrieben	haben
trēten (du trĭttst, er trĭtt)	trāt	getrēten	haben/sein[4]
trĭefen	trŏff	getrŏffen	haben
trĭnken	trănk	getrŭnken	haben
tūn	tāt	getān	haben

1 Süddeutsch mit *sein* (vgl. *liegen* und *stehen*).
2 Süddeutsch mit *sein* (vgl. *liegen* und *sitzen*).
3 Intransitiv mit *sein: Ich bin gegen den Schrank gestoßen.*
4 Vgl.: *Er hat mich gegen das Schienbein getreten* (transitiv). – *Sie ist an meine Stelle getreten* (intransitiv).

211

Infinitiv (+ Präsens)	Präteritum	Partizip II	haben/sein
verdĕrben (es verdirbt)	verdărb	verdŏrben	haben/sein
verdrießen	verdrŏß	verdrŏssen	haben
vergĕssen (du vergißt, sie vergißt)	vergăß	vergĕssen	haben
verlieren	verlŏr	verlŏren	haben
verschleißen	verschliß	verschlissen	haben/sein
wăchsen (es wăchst)	wūchs	gewăchsen	sein
wăschen (du wăschst, sie wăscht)	wūsch	gewăschen	haben
wēben	wōb	gewōben	haben
wĕnden	wĕndete/ wăndte	gewĕndet/ge- wăndt	haben
wĕrben (du wirbst, er wirbt)	wărb	gewŏrben	haben
wĕrfen (du wirfst, er wirft)	wărf	gewŏrfen	haben
wiegen[1]	wōg	gewōgen	haben
winden	wănd	gewŭnden	haben
ziehen	zōg	gezōgen	haben/sein[2]
zwingen	zwăng	gezwŭngen	haben[3]

---

1 Regelmäßig ist dieses Verb, wenn man es reflexiv benutzt (z. B. *sich in der Hoffnung wiegen, daß...; sich im Takt der Musik wiegen*) und in dieser Bedeutung: *ein Kind wiegen* (im Arm halten und sanft hin und her bewegen). Wenn man aber das Gewicht einer Person oder Sache feststellt oder sagt, welches Gewicht eine Person/Sache hat, benutzt man die unregelmäßigen Formen:
  Bei seiner Geburt wog Klaus knapp sechs Pfund.

2 Vgl.: *Sie hat den Kleinen am Arm gezogen* (transitiv). – *Letztes Jahr sind wir nach München gezogen* (intransitiv).

3 *Ich bin gezwungen (, etwas Bestimmtes zu tun)* ist *sein*-Passiv.

Wort- und Sachregister

Die Zahlen beziehen sich auf die Paragraphen, nicht auf die Seiten. (A. bedeutet Anmerkung).

aber Konjunktion 339, 380
  Modalpartikel 20, 282
Adjektiv 222 ff., 403 ff.
  attributives 46 f., 138, 145, 146 A
  prädikatives 43, 95, 134, 286
  relatives 227
  substantiviertes 242
  auf *-bar* 407, 414
  auf *-fähig* 406
  auf *-haft* 236, 414
  auf *-ig* 409, 414
  auf *-isch* 410, 414
  auf *-lich* 411, 414
  auf *-los* 236, 412, 414
  auf *-mäßig* 414
  auf *-pflichtig* 406
  auf *-sam* 414
  auf *-willig* 406
  mit Akkusativ 246
  mit Dativ 244
  mit Genitiv 245
  mit Präposition 247–262
Adverb 241, 286, 320 f., 339, 360, 381, 388 A.
Adverbialsätze → Angabesätze
Agens 90, 92, 97, 126
Akkusativ der Person 125, 127
Aktiv 85 f.
all- 90, 228
als 131, 235, 295, 316–318, 344, 381 f.
als ob 382
(anders) als 381
also 340
an 289, 293 f., 316
  bei Adjektiven 248 f.
  bei Substantiven 187 f., 203
  bei Verben 98 f., 119 f.

anbieten 123, 127
ander- 228, 233
anerkennen 41, 139
anfangen 121 A., 126
Angabe 47, 89, 310, 330 ff., 344, 354, 369, 376
  ~sätze 369 ff.
anstelle 290
(an)statt 290
Artikel 132 ff., 137, 148 ff., 182, 210 ff., 229, 240
  bestimmter 142, 210 ff., 231 f., 366 f., 389
  unbestimmter 234, 351, 389
Attribut 220, 355 ff., 367, 389
  präpositionales
  bei Substantiven 187 ff.
  bei Adjektiven 243 ff.
attributiv 224, 244, 357, 377
~es Adjektiv 46 f., 138, 146 A.
auch Modalpartikel 271
auf 250 f., 289, 298, 316
  bei Adjektiven 250 f.
  bei Substantiven 189, 203 f.
  bei Verben 100 f., 117 ff.
auffordern 127
aufrufen 127
aus 299, 305 A., 333
  bei Substantiven 190
  bei Verben 102, 118 f.
Ausrufesatz 270 ff., 276, 282
Aussagesatz 271 ff., 276, 278 ff., 308, 341
außer 288
außerhalb 290
beeinflussen 41
befehlen 14, 127

Abkürzungsverzeichnis

A_{Pragm}	pragmatische Angabe	Maskul.	Maskulinum = männlich
A_{Sit}	situative Angabe		(Substantive mit dem Arti-
A_{Neg}	Negation		kel *der/ein*)
A_{Mod}	modale Angabe	Neutr.	Neutrum – sächlich (Sub-
Adj.	Adjektiv		stantive mit dem Artikel
Adv.	Adverb		das/ein)
Akk.	Akkusativ	Nomin.	Nominativ
Akk_{Pers}	Akkusativ der Person	Part. I	Partizip I
Art.	Artikel	Part. II	Partizip II
bzw.	beziehungsweise	Pers.	Person
Dat.	Dativ	Plur.	Plural
Dat_{Pers}	Dativ der Person	Plusq.	Plusquamperfekt
d. h.	das heißt	Präp.	Präposition
engl.	englisch	Prät.	Präteritum
etc.	etcetera = und so weiter	schr.	schriftsprachlich
E_{Adj}	Adjektivergänzung	Sing.	Singular
E_{Akk}	Akkusativergänzung	Subj.	Subjekt
E_{Dat}	Dativergänzung	Subst.	Substantiv
E_{Dir}	Direktivergänzung	u. a.	und andere; unter anderem
E_{Gen}	Genitivergänzung	ugs.	umgangssprachlich
E_{Nom}	Nominativergänzung		(d. h. hauptsächlich in der
$E_{Präp}$	Präpositionalergänzung		gesprochenen Sprache vor-
E_{Sit}	Situativergänzung		kommend)
E_{Verb}	Verbativergänzungen	usw.	und so weiter
Femin.	Femininum = weiblich	V_1	finiter Verbteil
	(Substantive mit dem Arti-		(steht im Hauptsatz an
	kel *die/eine*)		zweiter Stelle und trägt die
FV	Funktionsverb		Personalendung)
franz.	französisch	V_2	infiniter Verbteil (z. B. Par-
Gen.	Genitiv		tizip II, Infinitiv)
Indik.	Indikativ	vgl.	vergleiche
Inf.	Infinitiv		
Inf_{zu}	Infinitiv mit *zu*	$\emptyset$	Nullartikel, Nullendung
K I	Konjunktiv I	*	Ausdrücke und Sätze mit
K II	Konjunktiv II		vorangestelltem Stern sind
lat.	lateinisch		falsch.

Wege

Lehrwerk für die Mittelstufe und zur Studienvorbereitung

Herausgegeben von Dietrich Eggers

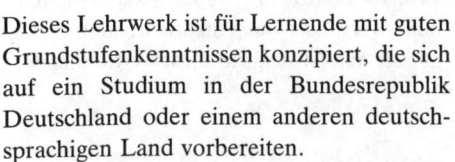

Dieses Lehrwerk ist für Lernende mit guten Grundstufenkenntnissen konzipiert, die sich auf ein Studium in der Bundesrepublik Deutschland oder einem anderen deutschsprachigen Land vorbereiten.

Es ist für Mittelstufenkurse geeignet, die auf eine intensive Beschäftigung mit Sachtexten und eine differenzierte Ausbildung einzelner sprachlicher Fertigkeiten zielen.

»Wege« strebt in gleichem Maße die Ausbildung rezeptiver wie reproduktiver und produktiver Fertigkeiten an, die zunächst innerhalb der Themenkreise in methodisch-didaktischer Eigenständigkeit schrittweise entwickelt, dann aber unter Berücksichtigung ihres Zusammenspiels im Sprachgebrauch miteinander verknüpft werden.

Die Themenbereiche umfassen Wohnung/ Umwelt, persönliche Kontakte, Arbeit/ Wirtschaft, Ernährung, Gesundheit/Krankheit, Bildungssysteme, Kultur und Technik, Politik und Geschichte.

Hans Jürg Tetzeli von Rosador/ Gabriele Neuf-Münkel/Bernd Latour

Lehrbuch

256 Seiten, mit Abbildungen, kt.
Hueber-Nr. 1456

Das Lehrbuch umfaßt neun Themenkreise (mit jeweils bis zu vier Lektionen), die im Hinblick auf ihre Bedeutung für Alltag und Studium ausgewählt worden sind. Aspekte persönlicher Erfahrung sind ebenso berücksichtigt wie Orientierungshilfen für das Studium und die Arbeit mit fachbezogenen Sachtexten. Neben den vielfältigen Texten finden sich in den Lektionen Übungen zu einzelnen Fertigkeiten. Auch einzelne grammatische Schwierigkeiten der Texte werden beleuchtet.

Hans Jürg Tetzeli von Rosador/
Gabriele Neuf-Münkel/Bernd Latour

Arbeitsbuch

296 Seiten, mit Abbildungen, kt.
Hueber-Nr. 1.1456

Das Arbeitsbuch bietet zusätzliche, den Lehrstoff vertiefende und erweiternde Übungen.
Außerdem findet sich hier eine ausführliche Wiederholung der Elementargrammatik und ihre Erweiterung zur Mittelstufe. Im Arbeitsbuch zeichnet sich »Wege« durch vier besondere Pluspunkte aus:
▶ Systematische Schulung des schriftlichen Ausdrucks;
▶ ausführliche Behandlung der Wortbildungslehre;
▶ Komponentenübungen zum Hörverstehen, kombiniert mit einem Intonationsprogramm (Antizipations-, Speicher- und Selektionsübungen);
▶ rezeptive und produktive Beschäftigung mit fiktionalen Texten (Projekt „Der Kurs sammelt").
Außerdem sind sämtliche Hörtexte zum Lehrbuch (Cassetten) im Arbeitsbuch abgedruckt.

Gabriele Neuf-Münkel

Hörtexte zum Lehrbuch

2 Cassetten
Hueber-Nr. 4.1456

Die beiden Cassetten enthalten monologische Berichte und Kurzvorträge, authentische dialogische Texte (Interviews, Auskunftsgespräche, Streitgespräche, Diskussionen, Fachgespräche) sowie fiktionale Texte (Dramen, Szenen, Hörspiel).

Gabriele Neuf-Münkel

Hörtexte zum Arbeitsbuch

1 Cassette
Hueber-Nr. 5.1456

Die Cassette enthält Übungen zur Intonation und zum Hörverstehen.

Bernd Latour

Mittelstufen-Grammatik für Deutsch als Fremdsprache

224 Seiten, kt.
Hueber-Nr. 3.1456

Hier werden ausgewählte grammatische Probleme auf Mittelstufen-Niveau behandelt.
»Wege«-Lehrbuch und »Wege«-Arbeitsbuch verweisen an entsprechenden Stellen gezielt auf Abschnitte dieser Grammatik.

Dietrich Eggers/Gabriele Neuf-Münkel/
Hans Jürg Tetzeli von Rosador/
Bernd Latour/Andreas Deutschmann

Lehrerhandbuch

Hueber-Nr. 2.1456

Das Lehrerhandbuch enthält eine Beschreibung des »Wege«-Konzepts und allgemeine Hinweise zu seiner methodischen Umsetzung sowie einen Lösungsteil mit Hinweisen auf den Progressionsverlauf.

Max Hueber Verlag
Max-Hueber-Straße 4
D-8045 Ismaning